新潮文庫

国道16号線

「日本」を創った道

柳瀬博一著

JN018216

新潮社版

11755

はじめに

日本の歴史の中心には、有史以来現代に到《いた》るまで、１本の道が走っている。

「国道16号線」だ。

東京の中心部からほぼ30キロ外側、東京湾をふちどるようにぐるりと回る、実延長３２６・２キロの環状道路である（法律上の起点・終点は横浜市西区）。

三浦半島の付け根、神奈川県横須賀《よこすか》市走水《はしりみず》から横浜まで東京湾の海辺を走ったのち、内陸部に向かう。東京都の町田、八王子、福生《ふっさ》を抜けて、埼玉県の入間《いるま》、狭山《さやま》、川越《かわごえ》、さいたま、春日部《かすかべ》を過ぎ、千葉県の野田、柏《かしわ》、千葉、市原から再び東京湾岸に出る。木更津《きさらづ》を越えて富津《ふっつ》の岬に到着すれば、海を挟んでスタート地点の横須賀の街が見える。

平日は大型トラックや営業車両が行き交い、休日はレジャーや買い物に向かう自家用車で渋滞する。周囲には都心へ通う人たちが暮らすベッドタウンが広がる。ショッピングモールと田んぼとラーメンチェーンと雑木林が同居する国道16号線は、さまざまなメディアに「日本の郊外の典型」として取り上げられてきた。

バブル景気以降の郊外消費の最前線としてテレビの経済番組に取り上げられるかと思えば、生糸《きいと》産業と米軍基地と日本のサブカルチャーのクロスロードとして社会学者の分析の対象とされる。暴走族からマイルドヤンキーまで「郊外若者文化」の見本市として映画のネタにもなったかと思えば、少子高齢化で衰退する日本の現場の象徴としてドキュメンタリーの主人公にもなる。

道路整備そのものが始まったのは明治維新以降だ。現在のルートが「国道16号」として指定されたのは1962年5月1日。施行は翌1963年4月1日、東京オリンピックの前年である。生まれてから60年もたっていない道だ。

そんな新しい道であるが、現在国道16号線が通る〝16号線エリア〟（と本書では呼ぶことにする）は、古代から現代に至るまで日本の文明と文化、政治と経済のかたちを規定してきた——。これが、本書の仮説である。

日本の歴史を眺めれば、はるかに有名な道路がいくつもある。

たとえば七道《しちどう》だ。

7０1年の大宝律令《りつりょう》制定の頃に五畿七道《ごきしちどう》という行政区分ができた。五畿は大和、山城、摂津、河内《かわち》、和泉《いずみ》、七道は東海道（三重から茨城までの太平洋沿い）、東山道（滋賀から青森までの内陸部沿い）、北陸道（福井から新潟までの日本海沿い）、山陽道（兵庫から山口までの瀬戸内海沿い）、山陰道（京都から島根までの日本海沿い）、南海道（三重、和歌山、淡路島と四国）、西海道（九州）である。

政治の中心である五畿＝畿内から地方に伸びる七道には幹線道路が敷かれた。誰もが知る東海道もそのひとつだ。東海道は、国道1号線や東名高速道路に進化して、日本の動脈であり続けている。

一方、16号線に歴史の重みを感じる者は少ないだろう。そんな道がなぜ日本の文明や文化の誕生に重要な役割を果たしてきた、といえるのか。

実は、16号線の記された地図をさまざまな時代の歴史と重ね合わせてみると、興味深い事実が次々と浮かび上がってくる。この道沿いには、歴史上きわめて重要な、各時代の人々の営みの痕跡《こんせき》がはっきりと残されているのだ。

数万年前の旧石器時代、16号線エリアの神奈川県橋本は、日本各地を結んだ黒曜石などの交易の要衝であったことがわかっている。数千年前の縄文時代の東京湾岸16号線エリアは日本最大の貝塚集積地帯だった。古墳時代には数多くの古墳が築造され、関東の有力な政治勢力が活動していた。飛鳥《あすか》時代から奈良時代にかけて、上総《かずさ》国府は16号線エリアの千葉県市原にあった。

平安時代、武士勢力が台頭したのも16号線エリアだ。伊豆《いず》蛭《ひる》ヶ小島《こじま》を脱した源頼朝《よりとも》が鎌倉《かまくら》幕府を開くにあたって走り回ったルートも、室町時代に戦国の世に連なる数々の大名が覇権を争って築いた城があるのも、戦国時代に京都から政権を呼び寄せたゆたかな後背地も、徳川家康《いえやす》の命で日本史上最大の河川改修事業を行った流域も、16号線エリアだ。

江戸時代末期から明治維新にかけて、16号線エリアは歴史の表舞台に躍り出る。殖《しょく》産《さん》興業と富国強兵を担《にな》うことになるのだ。

日本の開国を促したペリーの黒船が訪れたのは、横須賀・浦賀であり、開港したのは横浜だ。どちらも16号線エリアの街である。横浜港から世界に出荷されて日本の近代を支える最大の外貨獲得手段となったのは生糸《きいと》だ。各地で生産された生糸は八王子に集められ、横浜に運ばれた。八王子と横浜を結ぶ街道は、のちに日本のシルクロードと呼ばれるようになり、現在の16号線の一部となる。

生糸で稼いだ外貨で、明治政府は富国強兵に邁進《まいしん》した。横須賀に軍港が開かれ、浦賀では軍艦が建造された。さらに航空関連施設の多くが、16号線エリアとその周辺につくられた。所沢には日本最初の飛行場ができ、相模原《さがみはら》や立川、福生、入間、柏、習志野には陸軍の航空基地が置かれた。軍用を兼ねて地域を結ぶ道路の整備が進められ、まさしくそれが現在の16号線の原型となる。

第二次世界大戦で日本は敗れ、敗戦国となった。旧日本軍の施設は連合国最高司令官総司令部（進駐軍、GHQ）に接収され、その多くは米軍基地に変わった。16号線エリアは、戦後の日米安全保障の縮図となる一方、米国文化の媒介者となった。日本の芸能界と音楽産業が花開き、映画や小説や漫画に影響を及ぼし、サブカルチャーや社会風俗の進化を促した。

戦後の高度成長期における首都圏への人口集中とともに、16号線エリアではニュータウンの開発が進むと、1100万人規模の巨大な市場となった（27頁参照）。モータリゼーションが進み、郊外消費の前線となり、アミューズメントパークがいくつもできた。2020年代以降も、16号線は日本の消費文化の最前線を走る道のひとつである。

16号線という道路が生まれるはるか前の旧石器時代から現代に至るまで、この道が通っている地域は日本の文明と文化を動かし続けてきた。いったいどういうことだろうか？

謎《なぞ》を解くカギは「道」そのものではなく、道が走る「地形」のほうにある。16号線が貫いている地域の土地の形は、人々がわざわざ住み着きたくなる、「理想の地理的な条件」を備えているのだ。結果として、この地域では、日本の文明や文化のかたちを規定していく営みが積み重なり、その流れが1本の道になった。私はいつしかそう考えるようになった。

地理的な条件がそれぞれの地域の人類の文化と文明のあり方を決めるという視座は、目新しいものではない。生物地理学者で進化生物学者のジャレド・ダイアモンドが『銃・病原菌・鉄』（草思社、2000）ではっきりと示している。

ダイアモンドによれば、人々が暮らしている土地の地理的な条件、「地形」や「気候」や「自然環境」の違いが、それぞれの地域の文明のかたちを規定する大きな要因となる、という。

中東や地中海沿岸、インドや中国、ヨーロッパがあるユーラシア大陸で巨大文明が発達したのは、穀物となる小麦や米の原種、家畜となる羊や牛の原種が生息しており、巨大河川のつくった扇状地《せんじょうち》が、品種改良した小麦や米を育てるのにうってつけなうえ、東西に長い平坦《へいたん》な土地が交易に向いていたからだ。これらの地域では大規模農業が発達し、人口が急速に増え、国家が成立した。つまり、巨大文明の発達に適した地理的条件を「たまたま」備えていたわけである。

一方、人類発祥の地であるサハラ砂漠以南のアフリカ大陸や、かつて欧州より先進的な航海技術を持っていた古代人が渡ったニューギニアやオーストラリアでは、巨大文明が発達しなかった。地理的条件が、大型農業を発達させるのに向いていなかったからだ。砂漠あるいは熱帯雨林では、小麦や米などの穀類を品種改良し、栽培するのは困難だ。人々は、熱帯雨林や砂漠に向いた暮らし方を発達させた。それゆえ、「たまたま」巨大文明として発展しなかったのだ。

日本列島は、4つのプレートがぶつかってできた地球のシワが寄せ集まった場所だ。火山が多く地震も頻繁に起きる。どう考えてもあまり住み心地のよくなさそうな島々に、約3万8000年前、アフリカから遠路はるばる人類がたどり着いた。そして日本という国が誕生し、今まで続いている。

ダイアモンドの説に基づくならば、この日本の文明と文化を形成する前提となった地理的な条件があるはずだ。その地理的な条件とはどんなものなのか。そして、その地理的な条件を備えた典型的な地域は日本のどこにあるのか。

初期の文明が築かれた畿内か。あるいは九州か。それとも東北か。江戸時代以来中心であり続ける東京都心か。いや、違う。「国道16号線」こそが、日本の文明の前提となった地理的な条件を備えた地域なのだ。

暴論に聞こえるかもしれない。でも、最後までお読みいただければ、納得していただけるはずである。さあ、共に16号線への旅に出かけて、この道の謎を解いていこうではないか。

目次

第3章　戦後日本音楽のゆりかご

第4章　消された16号線——日本史の教科書と家康の「罠」

第5章　カイコとモスラと皇后と16号線

地図　アトリエ・プラン
　　　川谷デザイン（17頁のみ）
撮影　菅野健児（新潮社写真部）

日本音楽著作権協会（出）許諾
第２３００７３９―４０４号
ＮｅｘＴｏｎｅ許諾番号
ＰＢ０００５３５６８

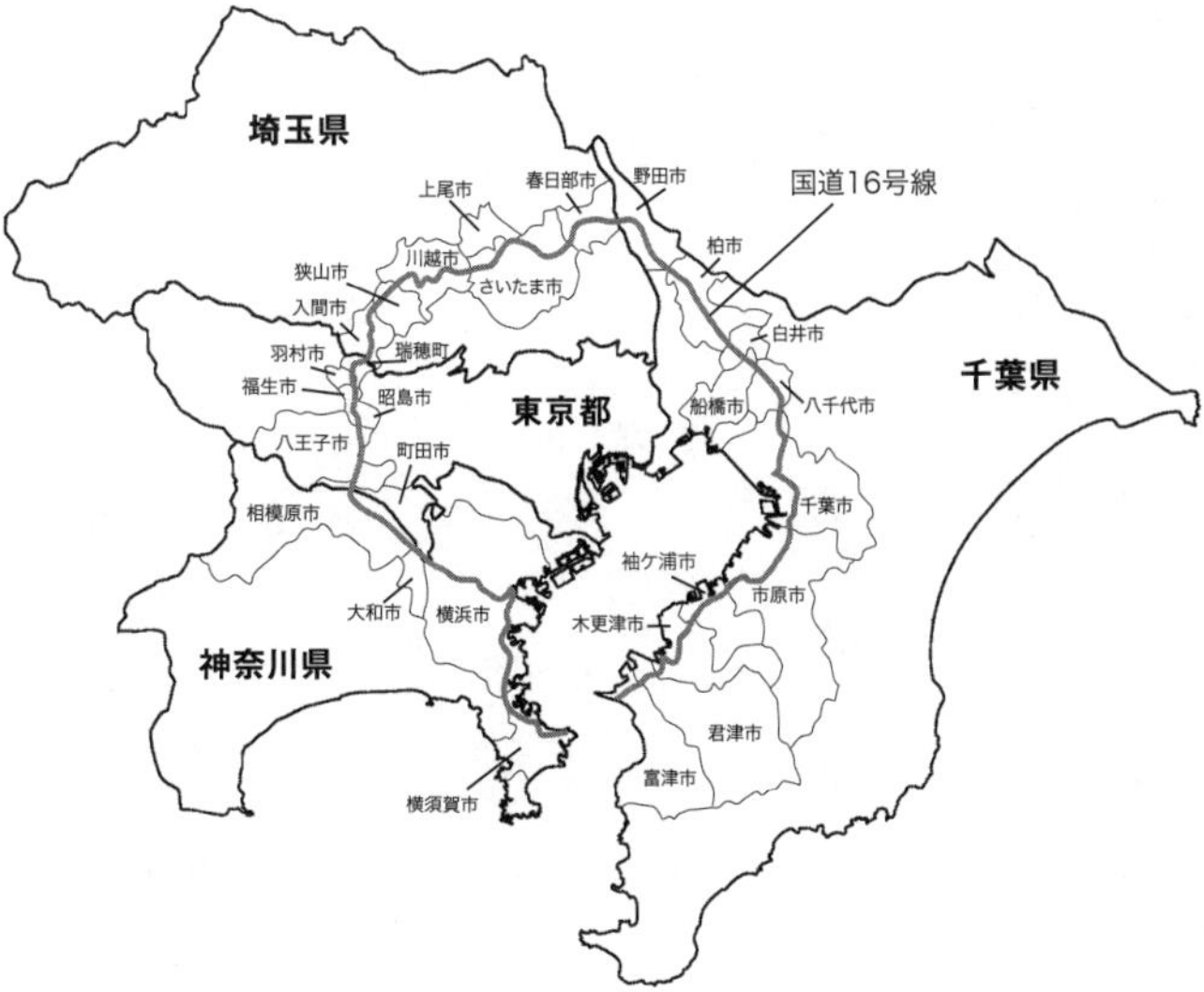
埼玉県
上尾市
春日部市
野田市
国道16号線
柏市
川越市
さいたま市
狭山市
入間市
白井市
瑞穂町
羽村市
千葉県
福生市
昭島市
東京都
船橋市
八千代市
八王子市
町田市
千葉市
相模原市
袖ケ浦市
市原市
大和市
横浜市
木更津市
神奈川県
君津市
富津市
横須賀市

国道16号線

「日本」を創った道

第１章　なにしろ日本最強の郊外道路

国道16号線は、東京の中心部を遠巻きにして東京湾の周囲をぐるりとまわる環状道路である。神奈川、東京、埼玉、千葉の４都県27市町をつないでいる。三浦半島から始まり、房総半島で終わる。房総半島の金谷《かなや》から三浦半島の久里浜《くりはま》の間を東京湾フェリーが結んでおり、これが湾をつなぐ橋の代わりとなっている。総延長３４８・４キロ、重複区間と海上区間５キロを除く実延長３２６・２キロ。東京から名古屋まで東名高速道路で走るのとおおむね同じ距離だ。

米軍とショッピングモールと工場が同居する

国道16号線を端から端まで走ってみることにしよう。

出発点は、三浦半島、神奈川県横須賀市走水《はしりみず》だ。東京湾に面した観音崎京急ホテル（2022年9月閉館、2023年新ホテルに）と防衛大学校の官舎が向かい合うT字路の信号、「走水」からスタートする。

東京湾を右手に見ながら走り出す。左手には椰子《やし》の並木の美しいしゃれた住宅街がある。横須賀市街に突入。渋滞に巻き込まれながら、米軍横須賀基地司令部の前を抜ける。その裏にはクレイジーケンバンドの名曲「タイガー&ドラゴン」で横山剣《けん》がむせび泣いた三笠《みかさ》公園がある。先に進むと上り坂だ。海まで迫った崖《がけ》をぶち抜いた隧道《ずいどう》=トンネルをいくつも潜り、坂を下る。古びた商店街が左右に並ぶ。日産自動車の工場がある追浜《おっぱま》だ。

横浜の金沢八景まで来ると、再び東京湾が見える。金沢文庫から丘の上の住宅街を走り、また坂を降りる。16号線はアップダウンが激しい。美空ひばりが子供の頃に歌っていた杉田劇場のあった杉田の街にさしかかる。

磯子《いそご》の山と京浜工業地帯の工場群の間を16号線は進む。根岸で運河に沿って左折し、荒井由実＝ユーミンが「海を見ていた午後」で歌ったレストラン「ドルフィン」が今も建つ根岸の丘を眺めつつ、横浜の歓楽街へ向かう。
妖《あや》しい町だった黄金町《こがねちょう》、青江三奈のブルースが聞こえそうな往年の歓楽街、伊勢佐《いせざ》木町《きちょう》の脇《わき》を通り、関内《かんない》から山崎まさよしが「One more time, One more chance」で「君の姿」を探した桜木町《さくらぎちょう》を過ぎ、ＪＲの高架越しにみなとみらいのビル群を望む高島町で国道1号線と交差し、神奈川内陸部へ突入する。この高島町交差点が、国の定めた「国道16号」の起・終点となる。

横浜新道の陸橋をくぐり、東名高速道路の横浜町田インターチェンジを背後にして、東京都町田市に入る。国道２４６号線を渡り、一瞬、神奈川・大和市をかすめた後、東京・町田と神奈川・相模原の間の真っ平らな郊外を進む。ブックオフの創業店があるのもこの辺りだ。リニア中央新幹線の新駅が設けられる予定の橋本駅前を横目に、山間の道を登れば八王子だ。

八王子市街地をジグザグと走り、多摩川を渡り、昭島《あきしま》市から福生《ふっさ》市に入ると電信柱がなくなり、空がだだっ広くなる。目の前には米軍横田基地、頭上に飛ぶのはいくつもの米軍機だ。左手にはアメリカンピザ「ニコラ」の看板がドライバーを誘う。16号線は一瞬、シカゴとサンタモニカを結び、アメリカ大陸を横断していた「ルート66」

に変貌《へんぼう》する。

羽村市を通り、JR八高《はちこう》線の陸橋をくぐり、瑞穂《みずほ》町を過ぎると、アメリカンなルート66は国道16号線に戻り、埼玉県入間《いるま》市へとさしかかる。「三井アウトレットパーク入間」の前には入庫を待つ自動車の列が並ぶ。台地を登ると川越市に到着する。16号線から少し離れた旧市街地には小粋な小江戸《こえど》の街並みが残る。

広々とした河川敷に流れる荒川の向こう岸はさいたま市のある大宮台地だ。途中、上尾《あげお》市を通った後、いくつもの川にかかった橋を越える。江戸時代初期まで荒川と利根《とね》川の本流が並んで流れていたエリアだ。春日部《かすかべ》市にさしかかる。16号線の地下50メートルには首都圏の水害を防ぐ長さ6・3キロの首都圏外郭《がいかく》放水路が設けられている。放水路は通称「地下神殿」と呼ばれる巨大調圧水槽につながる。豪雨の際はここに雨水が貯《た》められ、江戸川へと放水されるのだ。

ヤマダデンキやビックカメラやイオンモールやマクドナルドが並ぶ景色を抜け、江戸川に差し掛かる。向こう岸は千葉県野田市だ。常磐《じょうばん》道のインターチェンジをくぐると、東京大学や千葉大学の分校が入居する柏市の「柏の葉キャンパス」の新しい街並みが見える。自動車ディーラーとラーメン屋とブックオフと小ぶりのマンションが並ぶ道沿いの裏手には、静かな手賀沼《てがぬま》と鬱蒼《うっそう》とした雑木林が潜んでいる。

白井《しろい》市、船橋市、八千代市を抜けるあたりから、成田国際空港が近いこともあって頭上には旅客機の姿が目立つようになる。左手は広大な千葉ニュータウンだ。千葉市に入り、丘陵地を下り、穴川《あながわ》で京葉道路と並ぶ。蘇我《そが》で京葉道路と別れて、横浜から内陸に入って以来、久しぶりに東京湾の海沿いに出る。市原市から京葉工業地帯の乾いた景色をひたすら南下する。

千葉は広い。延々と続く工場の景色に目を回しそうになる。工場が途切れ、住宅と畑に変わると、東京湾アクアライン連絡道が頭上で交差する。くぐり抜けると宮藤官《くどうかん》九郎《くろう》の出世作、ドラマ『木《き》更津《さらづ》キャッツアイ』の舞台、木更津の街だ。

ひなびた風情《ふぜい》の市街を通り過ぎると、16号線は海岸沿いのまっすぐ伸びる広々とした片側2車線道路になる。水路と緑道が並行し、君津市の海側には製鉄所がある。途中で内陸側へ左折すると、16号線は山が迫る片側1車線の古い街道へと姿を変える。

店がまばらに並ぶ商店街にさしかかる。終点の富津《ふっつ》市だ。人気《ひとけ》のない住宅街を走り抜けると、右手にステンドグラスをあしらったレンガ色のクラシックな外装のパン屋が佇《たたず》む。店の目の前のT字路の信号で、国道16号線は突然終わる。スタート地点もゴール地点もT字路なのである。

せっかくだからこちらのパン屋で買い物をする。お店の女性の話では、千葉でも有数の老舗《しにせ》で、初代店主は戦前にパリで修業したという。購入したチョココロネは懐《なつ》かしい味がした。

16号線終点から3キロほど先に進めば、富津岬に到着する。車を停めて海まで歩く。横須賀沖合に浮かぶ猿島、スタート地点の横須賀市走水の旧・観音崎京急ホテル、その左手にはガラス張りの横須賀美術館が見える。右手奥にそびえる富士山が美しい。

富津から走水まで直線距離は5キロほどだ。古くには富津岬と横須賀の間を船で行き来していた歴史があるという。いまも房総半島と三浦半島の16号線をつなぐのは船だ。16号線の終点から国道４６５号線、１２７号線で南下して内房《うちぼう》の海沿いを走り、背後に急峻《きゅうしゅん》な鋸山《のこぎりやま》がそびえる金谷港を目指せば、東京湾フェリーが待っている。11・5キロ、40分の船旅で、かつてペリーが黒船で訪れた横須賀・久里浜に着く。下船して車を走らせると15分ほどでスタート地点の走水に戻ってこられる。

これで16号線を一周した。すでに閉館した観音崎京急ホテルのカフェでお茶をすれば、窓越しに千葉側の16号線が通る富津の岬を眺めることができた。新しいホテルからも見えるはずだ。海岸沿いの道に出れば、この景色を味わえる。

1100万人が住む最強の「郊外」

約326キロの馬蹄形《ばてい》をした16号線を一気に駆け抜けてみたが、どうだったろう。実際にはこんなにスムーズに走ることはできない。平日は物流車両で、休日はレジャーや買い物の自動車でいつでもどこでも渋滞しているからだ。国土交通省の調べでは、直轄《ちょっかつ》国道（1号〜20号）のうち2019年時点で最も渋滞損失時間が長いのは国道16号線の千葉市内だった＊（以下、＊については巻末の「16号線をもっと知るためのリスト」参照）。

高速バイパスを使わず、途中で少々寄り道をすると、完走するには昼間の2日間を要するはずだ。1日目の朝、横須賀からスタートして横浜を経て走り続けると、柏あたりで夕方を迎える。2日目の朝、柏を起点に千葉、富津を抜け、金谷からフェリーで久里浜を経て、スタート地点の横須賀に着く頃には日が傾く。

16号線を走る車窓から見えるのは、ショッピングモールと田んぼと自動車ディーラーと雑木林が混ざる典型的な郊外の景色だ。他の郊外と明らかに異なるのは米軍施設が多い点だろうか。

16号線は「郊外の道」の代表としてメディアで取り上げられることが多い。髙村《たかむら》薫《かおる》の小説『冷血』（毎日新聞社、2012）の舞台は、2002年の16号線である。裕福な病院勤務医の夫と歯科医院長の妻、国立大学付属中学に通う利発な娘と幼い息子の4人が自宅で惨殺《ざんさつ》される。一家の住まいは古き良き東京・山手の香り漂う北区西が丘の落ち着いた住宅街にあった。一方、加害者の2人の男はそれぞれ16号線的な東京郊外とかかわりがあった。1人は町田の郊外と横浜で働き、もう1人は千葉県市川市で犯罪を犯していたのだ。

「畑と工業団地と新興住宅地の広がる沿線は、どこも自動車メーカーの販売店にガソリンスタンド、郊外型量販店にパチスロ店、ファミリーレストランにコンビニエンスストアが吹き溜《だ》まりをつくる。少し市街地を離れると、空き店舗のシャッターが朽ち、不法投棄の資材や鉛管が野ざらしになった空き地があり、暴力的なほど平坦《へいたん》な風景が続く」（『冷血』上巻）

横須賀、横浜、町田、相模原、川越、千葉、市原にかけての16号線沿いの景色が凄《せい》惨《さん》な犯罪の加害者2人の人生の象徴として描写される。私が実際に車で走って眺めた風景とも重なる。

高村は、被害者の暮らしていた東京・山手の住宅街に比べ、加害者が蠢《うごめ》いていた16号線には歴史もなければ温かみのある暮らしもない、と見立てた。そして、東京の知的階級が暮らす山手の住宅街と、郊外の16号線沿いの反知性的な空間を対置した。『冷血』で描かれた16号線のイメージと呼応するのは、かつてこの道で数多く見かけた暴走族たちかもしれない。

１９８０年にデビューした横浜銀蠅《ぎんばえ》の歌「ぶっちぎりRock'n Roll」では、「土曜の夜の天使＝暴走族」の生態が歌われる。１９７０年代から80年代にかけて、横須賀、横浜、相模原の神奈川エリアから、町田、八王子の東京郊外エリア、入間、さいたま、春日部の埼玉エリア、野田、柏、千葉、木更津、富津の千葉エリアまで、週末の夜の16号線は暴走族天国だった。

社会学の分野でも、16号線はしばしば「郊外」の象徴として扱われてきた。２０１８年に出版された８人の社会学者による『国道16号線スタディーズ』（青弓社）は、「社会学的な郊外論を参照」することで、「十六号線的なるもの」をあぶり出そうとした。副題は「二〇〇〇年代の郊外とロードサイドを読む」。16号線は現代日本の郊外の代名詞というわけだ。

はたして16号線は「郊外」なのだろうか。

ちょっと視点を変えてみると、この道には「都会」要素も含まれていることに気づく。東京都においては、23区にはかすりもせず、北西部の町田市・八王子市・昭島市・福生市・羽村市・瑞穂町の6市町（人口合計124万9183人、2022年1月住民基本台帳より、以下同）を通るまさに郊外の道路なのだが、神奈川県、埼玉県、千葉県においては、横浜市、さいたま市、千葉市の県庁所在地と相模原市という政令指定都市を貫いているからだ。

内訳を見ると、神奈川県は横須賀市・横浜市（通過区は、金沢区・磯子区・南区・中区・西区・保土ケ谷区・旭《あさひ》区・瀬谷《せや》区・緑区）・大和市・相模原市（通過区は南区・中央区・緑区）の4市（横浜市の通過区だけでの集計292万6698人／横浜市全体の人口での集計511万659人）、埼玉県は入間市・狭山市・川越市・さいたま市（通過区は西区・北区・見沼区・岩槻《いわつき》区）・上尾市・春日部市の6市（163万3723人／244万4833人）、千葉県は野田市・柏市・白井市・船橋市・八千代市・千葉市（通過区は花見川区・稲毛区・若葉区・中央区）、市原市・袖ケ浦《そでうら》市・木更津市・君津市・富津市の11市（278万8564人／307万1115人）を通っている。

表1を見ていただければわかる通り、3県において16号線沿い人口の比率はとても高いのだ。16号線が通過する4都県27市町の人口合計は1187万5790人である。4政令指定都市の16号線通過区の人口だけを合算しても859万8168人になる。東京23区の人口は952万2872人、東京都の全人口が1379万4933人だ。

表１　１都３県の人口規模と16号線人口の占める比率

都県名	総人口	16号線人口の占める比率
東京都	1379万4933人	９％
埼玉県	738万5848人	22.1％（通過区のみ） 33.1％（さいたま全区）
神奈川県	921万5210人	31.8％（通過区のみ） 55.5％（横浜・相模原全区）
千葉県	631万875人	44.2％（通過区のみ） 48.7％（千葉全区）

16号線の通過する横浜・相模原・さいたま・千葉の４政令指定市に関して市全体の人口で計算した場合と、実際に通過している区の人口で計算した場合を併記した。（住民基本台帳　2022年1月より）＊

京阪神圏の京都市・大阪市・神戸市の総人口は５６３万８６３１人である。16号線エリアは、東京23区や京阪神都市圏に匹敵する、日本屈指の人口集積地帯といえるのだ＊。

さらに16号線には、「異国」と接した道、「アメリカ」とつながった道、そして「軍用」の道という顔もある。

横浜の中心街である高島町、桜木町、野毛《のげ》、関内を抜け、伊勢佐木町、黄金町、根岸、磯子、金沢文庫と歴史のある街を走り、横須賀へと続くルートを辿《たど》ってみれば体感できるだろう。国際港である横浜港、中華街のある山下町、洒落《しゃれ》たショッピング街の元町《もとまち》、高級住宅が並ぶ山手や本牧《ほんもく》も近い。明らかに異国の香りが漂う。

とりわけ強いのがアメリカの匂《にお》いだ。横浜から横須賀にかけては数多くの米軍施設と住宅がある。相模原、福生にかけての内陸部にも米軍の航空基地が点在する。フェンスの向こうに「アメリカ」の「軍」がある。

「軍」といえば、16号線エリアには自衛隊の施設も多い。埼玉県入間にはかつて米軍のジョンソン基地、現在は航空自衛隊の基地があり、千葉県には柏や船橋、千葉や木更津に自衛隊の基地や駐屯地、訓練場がある。いずれも戦前に日本軍の基地や施設があった場所だ。16号線は、郊外の道路である前に軍用道路だったのだ。

なぜこの道は、これほどまでに多様な顔を持つようになったのか。道路としての16号線の歴史を辿りつつ探ってみることにしよう。

生糸が殖産興業を、軍港が富国強兵を

日本の近代は、江戸時代末期に太平洋を渡ってきたアメリカの黒船に無理やりこじ開けられて始まった。その舞台は16号線沿いである。

1853年7月8日、三浦半島の横須賀・浦賀沖に、開国を迫る米国東インド艦隊

司令長官マシュー・ペリー率いる４隻《せき》の軍艦が現れた。浦賀は16号線の神奈川側の端、走水に近いリアス式の湾だ。数日後、ペリーは浦賀の隣の久里浜に上陸する。そして翌１８５４年２月、今度は７隻の軍艦とともに横浜の沖に迫り、江戸幕府は日米和親条約に調印した。１８５８年の日米修好通商条約締結を経て、箱館《はこだて》、長崎とともに、横浜で貿易が始まった。

鎖国政策はここに終焉《しゅうえん》した。アメリカやヨーロッパから綿製品が次々と輸入され、日本の国内経済は押される一方になるかと思いきや、救世主が現れた。人ではない。蚕《カイコ》だ。

当時ヨーロッパでは、イタリアとフランスで微粒子《びりゅうし》病という蚕の病気が蔓延《まんえん》し、生糸産業が大打撃を受け、生産規模がピーク時の30％程度まで落ち込んでいた。さらに養蚕《ようさん》発祥の国である中国＝清《しん》も、英国とのアヘン戦争、太平天国の乱の影響などで混迷状態にあり、生糸の生産力が落ちていた。

欧米列強に飲み込まれようとしていた日本にとって、千載一遇のビジネスチャンスである。生糸を作れ。日本各地で生糸生産に拍車がかかった。

中でも栄えたのが八王子だ。古くから機織《はたおり》業が盛んで、江戸からも近く、背後には山梨や長野といった養蚕地が控えている。輸出の拠点となる横浜とも街道でつながっている。八王子に各地の生糸が集積され、横浜に運ばれて、世界中に輸出された。

1909年、日本は清を抜いて世界一の生糸輸出国になり、第二次世界大戦開戦直前まで、生糸は日本の近代化を支えた。八王子と横浜を結んでいた街道は「絹の道」と呼ばれるようになった。日本版シルクロードである。この街道がいずれ16号線へと〝進化〟する。16号線と生糸の関係は、第5章で改めて詳しく記すことにしよう。

このように、日本の殖産興業に16号線は大きく寄与した。それだけではない。富国強兵についてもこの道は多大なる貢献をする。

明治政府は生糸で稼いだ外貨を活用して富国強兵を推し進め、軍備増強に邁進《まいしん》した。島国日本が欧米列強に伍《ご》するには海軍の充実が要《かなめ》となる。どこに軍港を設け、どこで軍艦を建造すべきか？

白羽の矢が立ったのは、ペリーが最初に訪れた浦賀から横須賀にかけての三浦半島のリアス式海岸だ。山が海まで迫り、天然の良港がいくつもある。入り組んだ湾は外敵から身を隠すのにうってつけだ。一方、太平洋と直結しており、すぐに海外へ出撃することもできる。首都東京からも近い。守るに優れ、攻めるに素早い。軍港を設けるには最高の土地である。

明治政府は、幕府が造船所を開いた浦賀の設備を増強し、1884年には横須賀に日本海軍の中枢《ちゅうすう》基地である「鎮守府《ちんじゅふ》」を創設した。その奥にある横浜港はすでに生糸の輸出などを通じ、急速に発展していた。首都東京、国際港横浜、軍都横須賀を結ぶ道路整備は、軍事面でも経済面でも明治政府の急務となった。

国道16号線の原型がここに誕生した。横須賀に鎮守府が置かれた1年後の１８８５年、東京から桜木町までを結ぶ國道《こくどう》一號《ごう》（当初は、現在の国道15号線が走る海沿いの旧東海道ルートが國道一號だったそうである）が指定され、2年後の１８８７年、横須賀から横浜を経て東京まで至る道に國道四十五號が指定され、のちの16号線の一部となる。

１８９４年から95年の日清戦争に引き続き、１９０４年から翌年にかけての日露戦争で、東郷平八郎率いる連合艦隊は大国ロシアのバルチック艦隊に打ち勝ち、日本は強国の仲間入りをした。このとき東郷が乗った旗艦三笠は、いまも横須賀市三笠公園に係留されている。

１９１１年、埼玉・所沢に日本初の陸軍飛行場がつくられたのを皮切りに、柏飛行場、入間の航空士官学校、福生の多摩飛行場、立川飛行場、座間の相武台士官学校と、戦後16号線として1本につながれる首都圏内陸部の台地には、主に航空関係の陸軍施設が次々と作られた。

16号線の原型となった道路は、日本のシルクロードとして殖産興業を担《にな》い、日本初の近代的な軍用道路として富国強兵を担ったのである。

1945年、第二次世界大戦で日本が敗北すると、横須賀、横浜、相模原、八王子、福生、入間、柏などのちに16号線となる道路沿いに配備された旧日本軍施設は、進駐軍＝GHQに接収され、その多くが米軍基地とされた。結果、周辺は突如として日本のどこよりもアメリカに近い場所となった。映画、洋書、ファッション、家具、料理、酒、自動車……。まじりっけなしのアメリカ文化が流れ出した。そして米軍由来の音楽は日本の芸能を根本から変えた。その話は第3章でたっぷりお伝えしよう。

東京に出入りする全《すべ》ての高速道路と国道をつなぐ

道路としての16号線がどのような経緯を辿って今のルートになったのか、再び歴史的経緯を追いかけてみる。

1920年4月1日の「(旧) 道路法」の施行で、のちに16号線の一部となる國道四十五號は國道三十一號と名前を変え、東京・横浜・横須賀をつなぐ道となった。この旧道路法が改正されたのは、第二次世界大戦後の1952年のことである。制定された新道路法により、國道三十一號「横浜・横須賀」間についに「一級国道16号」の名がついた。横浜から富津までのルートは1953年に「横浜・千葉」間が「二級国道129号」になり、「千葉・木更津」間は「二級国道127号」に組み込まれた。

そして高度成長期真っ只中の1962年5月、16号線は現在のルートで指定を受ける。富津から木更津、木更津から千葉までの127号の一部、千葉から横浜までの129号、横浜横須賀間の16号線、横須賀から走水までの道路がすべて「国道16号」として指定され、翌1963年4月1日に施行された（横浜と横須賀をつなぐ有料高速道路、横浜横須賀道路は1979年一部開通、2009年完成の16号線のバイパスである）。

ちなみに16号線が環状道路としてデビューするはるか前から、東京都心部では、複数の環状道路の整備が進んでいた。

きっかけは16号線施行の年から40年遡《さかのぼ》る1923年9月1日に起きた関東大震災である。仕掛け人は、震災で瓦礫《がれき》の山となった東京を立て直し、近代都市に生まれ変わらせようと考えた都市づくりの天才、後藤新平だ。

東京市長だった後藤は震災後に内務大臣に就任し、「帝都復興計画」を牽引《けんいん》した。パリの都市計画に範を取り、道路網の計画的な配置が都市の再生と発展につながると考えた。そこで講じたのが、放射線状に伸びる幹線道路と同心円上に広がる8つの環状道路を組み合わせた先進的な道路整備案である。

1927年には、おおがかりな道路整備計画「大東京都市計画道路網」ができあがった。その中に描かれた8つの環状道路が、現在の①内堀通り②外堀通り③外苑《がいえん》東通り④外苑西通り⑤明治通り⑥環状6号線（山手通り）⑦環状7号線⑧環状8号線になった。

この環状道路計画に16号線は含まれていなかった。1930年当時、のちの東京区部に該当する地域の総人口は498万6913人、現在の東京23区の総人口の約半分である。16号線が通る「郊外」は現在ほどの人口を抱えておらず、渋滞緩和のための環状道路も必要なかったのだろう。

第二次世界大戦を経て戦後の高度成長期に入ると、首都圏の外郭をつなぐ環状道路の整備が必須《ひっす》となった。工業地帯が活況を呈し、原材料や製品を運ぶ物流の規模が飛躍的に拡大していく。京浜工業地帯、京葉工業地域はいずれも16号線エリアにある。

一方で人口が増大し、人々の移動量や商業物流も伸びていった。郊外にはニュータウンが続々と造成された。首都圏に13カ所ある大規模ニュータウンのうち6つが16号線エリアに位置する。首都圏の交通と物流のニーズに応《こた》えるべく、1963年、16号線が首都圏の外周をつなぐ環状道路として誕生したわけである。

以来、16号線は、首都圏の物流を担ってきた。東京に出入りする全ての国道や高速道路38本と接続し、バイパスの役目を果たしている。16号線と交差する高速道路を横須賀方面から時計回りに列挙してみよう。

首都高湾岸線、横浜横須賀道路（国道16号線のバイパス道路）、横浜新道—第三京浜、東名高速道路、中央自動車道、首都圏中央連絡自動車道、関越自動車道、東北自動車道、常磐自動車道、東関東自動車道、京葉道路、東京湾アクアライン連絡道、館山自動車道。

16号線と交差する国道は、国道１３４号線、国道１３３号線、国道１号線、国道２４６号線、国道１２９号線、国道４１３号線、国道20号線、国道４１１号線、国道２９９号線、国道４６３号線、国道２５４号線、国道17号線、国道１２２号線、国道４号線、国道６号線、国道４６４号線、国道２９６号線、国道51号線、国道１２６号線、国道３５７号線、国道２９７号線、国道４０９号線、国道４１０号線、国道１２７号線、国道４６５号線。

16号線はこれだけの道路をつないでいるわけだ。地方と東京を結ぶ高速道路を走ってきた物流車両は、都心を通らずに、16号線を介して別の高速道路や幹線道路に移動できる。また16号線沿線には、国際貿易港である横浜港、京浜工業地帯と京葉工業地帯がある。この道は、港から物資を陸揚げして幹線道路につないだり、日本から製品を輸出する際、幹線道路から港へつないだりする仕事も一手に引き受けている。平日の16号線が全国各地からやってきた物流車両で慢性的に渋滞している「日本一混雑する道」（高速道をのぞく）なのは、その役割を考えれば当然なのだ＊。

地価高騰《こうとう》がクレヨンしんちゃん一家を呼び寄せた

高度成長期の東京近郊では、増大する人口を吸収すべく各地でニュータウンの開発が進んだ。都心から30キロ圏にある16号線沿線でも、１９６０年代から80年代にかけて数多くの新興住宅が造成され、90年代には沿線人口が現在と同じ１０００万人規模に膨れ上がった。

ここで16号線沿いの街に家を建て、いまも東京都心の会社に毎日電車通勤し続ける、日本でいちばん有名なサラリーマンの1人を紹介しよう。漫画『クレヨンしんちゃん』（臼井《うすい》儀人《よしと》、双葉社）のお父さん、野原ひろし（35歳）だ。

１９９０年、『クレヨンしんちゃん』の連載が『漫画アクション』（双葉社）で始まった（テレビアニメの放映開始は2年後の１９９２年）。主人公家族である野原家は、バブル期に国道16号線沿いの街、埼玉県春日部市に移り住んだ典型的なサラリーマン家庭である。

ひろしは、東京・日本橋にあるアクション商事（アニメでは双葉商事）に通勤している。春日部駅から東武線で押上駅《おしあげ》へ、都営浅草線に乗り換えて日本橋へ。乗換時間を入れて乗車時間は59分だ。朝のラッシュ時の電車の遅延なども考えると、自宅から会社までドアトゥドアで1時間20分といったところだろうか。

16号線沿線の街から都心に電車で通うと、乗車時間は多くの路線で40分から50分程度だ。自宅から会社まで1時間少々かかるだろう。1時間20分というひろしの通勤時間は16号線住民としては平均だ。次に国道16号線沿いの街から都心までの通勤時間を記しておく。

①桜木町から東京まで根岸線と東海道線で32分（30・8キロ）。
②南町田グランベリーパークから渋谷まで東急田園都市線急行で39分（29・2キロ）。
③相模原から新宿まで横浜線と小田急線快速急行で60分（38・9キロ）。
④橋本から新宿まで京王線で43分（38・1キロ）。
⑤八王子から新宿まで中央線中央特快で38分（37・1キロ）。
⑥川越から池袋まで東武東上線急行で34分（30・5キロ）。

⑦　柏から上野まで常磐線快速で28分（29・1キロ）。
⑧　勝田台から京成上野まで京成本線通勤特急で50分（40・3キロ）。
⑨　千葉から東京まで総武線快速で42分（39・2キロ）。
⑩　横須賀・走水の近くの馬堀《まぼり》海岸から品川まで京浜急行線特急で1時間13分（54・2キロ）。
⑪　木更津から東京まで内房線と京葉線で1時間14分（74・3キロ）。あるいは高速バスで東京まで59分。
⑫　富津（青堀）から東京まで内房線通勤快速と京葉線通勤快速で1時間30分（85キロ）。あるいは高速バスで東京まで1時間36分。

（乗換検索サービス『ジョルダン』＊を参考に筆者算出。時間は平日朝の通勤時間帯の乗車時間で乗り換えは含まず）

通勤には少々時間がかかるが、それでもひろしにとって春日部の一軒家はリーズナブルだったはずだ。80年代後半から90年代前半のバブル当時の地価高騰はすさまじかった。ニッセイ基礎研究所の調べによれば、東京23区の75平方メートルの新築マンションの価格は１９８５年には４０００万円を切っていたのが、91年には１億１６４８

万円と6年間で3倍近くに跳ね上がった。一般的な会社員が都内23区にファミリー向けサイズの新築住宅や新築マンションを購入するのは夢のまた夢となった＊。

ここで漫画の有名キャラクターの家の住所を年代別に比較してみよう。１９５０年代～60年代の『サザエさん』の家は世田谷区桜新町《さくらしんまち》、１９６０年代後半～70年代前半の『天才バカボン』の家は新宿区中落合《なかおちあい》、１９７０年代半ばの『ドラえもん』ののび太の家は練馬区桜台（諸説あり）、70年代後半の『がきデカ』のこまわり君の家は練馬区大泉学園にある。

70年代までは、平均的なサラリーマン家庭が、23区内の一軒家に住んでいたのだった（バカボンのパパはサラリーマンではないが）。

郊外百貨店の早すぎた栄枯盛衰

さて、『サザエさん』『天才バカボン』『ドラえもん』『がきデカ』の家になくて『クレヨンしんちゃん』の家にあるのが「自家用車」だ。

70年代に東京都内で車を所有しているのは『ドラえもん』でいうと「スネ夫」の家のような富裕層か自営業者が中心だった。私の個人的な記憶でも、70年頃の東京・港区で自家用車のあったクラスメートは少なかったし、そのあと引っ越した茅ヶ崎《ちさき》も、郊外であるにもかかわらず、多くの家に自家用車はなかった。

都会に住む人々は、今も昔も、平日の通勤はもちろん週末の消費や娯楽も電車で移動する人のほうが多い。自動車検査登録情報協会のデータによれば、自家用乗用車の世帯当たり普及台数は、東京が１９７０年代から２０２１年までほぼ50年間ずっと47都道府県中最下位で、２０２１年は１世帯あたり０・４２２台である。つまり、２軒に１台あるかないか、なのだ。23区内はもっと少ないはずである。

１９９０年代にさしかかり、首都圏のサラリーマンの住まいが都市部から16号線沿いのような郊外に移ると、ライフスタイルそのものががらりと変わる。２０２１年の埼玉県の世帯当たり普及台数は０・９４８台と全国平均の同１・０３７台を下回るが、それでも東京の2倍近い。郊外において自家用車は贅沢《ぜいたく》品ではなく半ば生活必需品になるわけだ。埼玉・春日部在住の『クレヨンしんちゃん』の野原家は、作中でもしょっちゅう自動車に乗っており、何度か車を買い換えてもいる。妻のみさえは運転が下手、という話がギャグとして出てくる。

自動車が社会に普及し、社会と経済における必需品となっていくことを「モータリゼーション」と呼ぶ。モータリゼーションは自動車大国で国土の広いアメリカでまず起きた。1908年に世界初の大量生産自動車であるT型フォードが発売されると、自動車は馬車に替わってあっという間に普及し、第二次世界大戦までにアメリカ人にとっての「足」となった。戦後は、さらに郊外住宅街の開発が進み、1960年代には郊外型大型ショッピングモールが誕生した。2018年10月に経営破綻《はたん》し、連邦破産法11条の適用を申請したアメリカの名門流通グループ・シアーズは、60年代には巨大駐車場付きの郊外百貨店を全米に展開して隆盛を誇った。

日本におけるモータリゼーションは、どんな具合で進んだのだろうか。1950年代後半からトラックなどの生産が増大したが、アメリカ流の自動車消費文化をいち早く日本にもたらしたのは、16号線沿いに暮らす米軍基地関係者だったかもしれない。週末は自動車で移動し、ショッピングやレジャーを楽しむ。広々とした駐車場を持つ郊外レストランに家族で出かけ、ピクニックに行く。16号線には米軍関係者が好むレストランがいくつもあった。1959年にオープンした福生のピザ・ニコラは今も往時の賑《にぎ》わいを感じさせる。

そんな米国流の自動車文化に影響を受けたのが芸能関係者やアーティスト、レーサーたちだった。第3章で詳述するが、戦後の進駐軍クラブや米軍基地で音楽の腕を磨いたミュージシャンやその友人たちが自動車で遊ぶようになったのである。1960

年に開業した外苑東通り沿いのイタリアンレストラン、飯倉《いいくら》のキャンティに仕事が終わった深夜に集合し、夜明け前に国道15号線経由で16号線近くの横浜本牧まで車を飛ばして飲み直すといった具合だ。

日本の個人消費における本格的なモータリゼーションは、1965年〜70年の「いざなぎ景気」で「車、クーラー、カラーテレビ」が新三種の神器と呼ばれ、トヨタ・カローラ、日産・サニーなど国産大衆車の発売によりマイカーブームが起きたときに端を発する。67年、日本はアメリカに次ぐ世界第2位の自動車生産国になり、72年には乗用車の保有台数が1000万台を超えた。

時代の空気を読んで、1960年代から大型商業施設を16号線沿いに積極展開した人物がいる。そごうグループの総帥《そうすい》だった水島廣雄《ひろお》だ。1933年、神戸で百貨店を開店したそごうは、50年代、経営不振に陥った。その再建役を担ったのが、そごうと取引のあった日本興業銀行（現みずほ銀行）の水島だった。そごうの栄枯盛衰は日本のモータリゼーションの歴史でもある。ある意味でそごうは早すぎたのだ。

百貨店という業態は、大都市の中心部、特に駅前に出店するのが通例の、典型的な都市型ビジネスである。このため、後発のそごうが進出しようにも、すでに先行するライバル百貨店が都市の一等地を占拠していた。

どこに新しい市場を見出《みいだ》すべきか。水島は、アメリカの流通業が都市部を取り囲む郊外に店舗展開して成功していると聞きつけた。日本でもアメリカのようなモータリゼーションが起こると睨《にら》んだ水島が目をつけた郊外道路は、首都圏の外周を走る16号線だった。

かくして水島は16号線沿いに百貨店を次々と出店した。「千葉そごう」（1967〜）を皮切りに、「柏そごう」（73〜2016）、「八王子そごう」（83〜2012）、85年には当時東洋一の規模と謳《うた》われた「横浜そごう」を開店させた。その後も「大宮そごう」（87〜）、「木更津そごう」（88〜00）、京王・小田急多摩センターの「多摩そごう」（89〜00）、京王線南大沢の「柚木《ゆぎ》そごう」（92〜94）と、バブル末期の92年までに、神奈川、東京、埼玉、千葉の4都県の16号線エリアに8店舗を展開するに至った。

同時期、関西の神戸で1957年に中内㓛《いさお》が創業したダイエーも、都心30キロ圏を虹のように取り囲むエリアに集中出店する「レインボー作戦」を立案し、1969年、16号線近くの東京・町田市の町田駅前に首都圏1号店を出店した。

水島の野望は、90年代のバブル崩壊で潰《つい》えた。そごう出店のポイントは、出店した土地の値上がりを期待して、銀行融資を受けたことにあった。1989年をピークに地価が大暴落したバブル崩壊の影響をもろに受け、90年代半ばから次々と閉店した。

水島の公私混同的な乱脈経営ぶりも明らかになり、２０００年7月に民事再生法の適用を申請した。当時小売業としては国内最大の負債総額1兆８７００億円だった。

生き残ったそごうの店舗は、セブン－イレブンやイトーヨーカドーを擁するセブン&アイ・ホールディングス傘下《さんか》に入り、２００９年には西武百貨店と合併、そごう・西武となり、２０２３年春には米投資ファンド、フォートレス・インベストメント・グループに売却予定となっている。16号線周辺に進出したそごう8店舗のうち5店舗はすでになく、残っているのは、横浜、大宮、千葉の3店だけだ。

ちなみに東京郊外に積極出店を行い、売上規模年間3兆円超の日本最大の小売業となったダイエーも、90年代半ばから経営不振に陥り、２００１年には2兆６０００億円の有利子負債を抱えて産業再生機構の支援を受け、２０１５年にイオンの完全子会社となった。

テレビドラマが描いた16号線の街

個人的に記憶に残っているのは、京王相模原線南大沢駅にあった「柚木そごう」のわずか2年の盛衰だ。１９９２年のオープン当時、私はこの店に何度か足を運んだ。

１９８８年に開業したばかりの南大沢駅周辺は、１９６０年代から開発の進んでいた多摩ニュータウンの最後発エリアだった。周囲には、『まんが日本昔ばなし』に出てきそうな田んぼと農家と雑木林の風景が残っていた。

同じ頃、私は、大学時代の恩師で生物学者の岸由二《きしゆうじ》慶應《けいおう》義塾大学教授（当時）に付き添い、南大沢から尾根を隔てて南側の町田市小山田《おやまだ》の鶴見《つるみ》川源流域で生物調査を手伝っていた。初夏はホタルが飛び、夏は雑木林のクヌギの樹冠に国蝶《こくちょう》オオムラサキが滑空し、樹液にカブトムシやクワガタが群がる。田んぼの水路にはイモリが潜む。町田・小山田も南大沢も、東京とは思えない自然の濃い地域だった（実は今も変わらずこの自然は残っている）。

南大沢の開発は数年間でみるみる進み、１９９１年には東京都立大学の新キャンパスができ、１９９２年には、駅前に南欧風の洒落た赤煉瓦《れんが》の屋根をしつらえた集合住宅「ベルコリーヌ南大沢」が完成した。同地は、佐野史郎演じるマザコン夫の「冬彦《ふゆひこ》さん現象」で話題となったＴＢＳドラマ『ずっとあなたが好きだった』の続編と言える『誰にも言えない』の舞台となる。一方で、日本初の大規模な「瑕疵《かし》問題」＝建築上の構造欠陥問題が次々と明らかになり、バブル時の建築業界の杜撰《ずさん》さを象徴する建物として別の意味でも有名になった。

柚木そごうが、大型商業施設「ガレリア・ユギ」の主要テナントとして南大沢駅前にオープンしたのも同じ年である。スーパー忠実屋も入居していた。1992年にはすでにバブルが崩壊していた。景気は回復することなく、柚木そごうは、開店からわずか2年後の1994年に閉店した。忠実屋もダイエーに買収された後、1995年に撤退し、イトーヨーカドーがいまは入居している。

そごうが撤退した1994年、南大沢を含む多摩ニュータウンを舞台とするアニメ映画が公開された。高畑勲《いさお》監督『平成狸《たぬき》合戦ぽんぽこ』（スタジオジブリ）である。同年の邦画興行収入1位を記録したこの映画には、南大沢のベルコリーヌ近辺をモデルとした風景が登場する。主人公たちの多摩のタヌキは都市開発の波に呑《の》まれ、住まいである雑木林を失おうとしていた。彼らは「化け学」を駆使し、人間どもを追い払おうとするものの、失敗に終わる。最後、タヌキたちは人間に化け、開発の完了した町で人として働く。タヌキに戻るのは夜、仲間と集い、野原で踊るときだけだ。

私もこの地域で何度か本物のタヌキに出会ったことがある。裏手の細い路地を歩いていたり、田んぼのへりに佇んでいたり、夜を走る車のヘッドライトに照らされて、あわてて道路を横切ったりしていた。

映画の中で多摩のタヌキは住まいを人間に奪われた。しかし、現実は映画の結末を裏切っていた。そごうも忠実屋もダイエーも撤退し、鳴り物入りの集合住宅は構造欠陥に悩まされ、不動産価格は下落した。タヌキではなく、バブル崩壊による「高級志向消費の終焉」というお化けが人間をとっちめたのである。２０２０年代、南大沢の街は見事に再生したが、一方で、同地のタヌキはいまも健在のはずだ。

バブルが完全に崩壊し、そごうが２０００年に撤退したあとの16号線の街、21世紀の木更津を舞台にしたテレビドラマが、脚本家宮藤官九郎の出世作『木更津キャッツアイ』（ＴＢＳ、２００２）である。岡田准一《じゅんいち》演じる主人公のぶっさんはじめ登場人物は、ほとんど木更津から一歩も出ない。あえてローカル色満載にしたこのドラマの描写は、90年代までのトレンディドラマを過去のファンタジーとし、都心に出られる距離なのにあえて地元に止《とど》まる人々、そしてバブルのときの開発の甲斐《かい》なく優しく寂《さび》れていく東京郊外、という21世紀の16号線エリアのイメージを最初に世に打ち出した。

バブル前後に16号線エリアに進出した他の百貨店は、そごうよりも長生きしたが、近年その寿命を迎えた。

１９９０年にオープンした伊勢丹《いせたん》相模原店は、91年にＴＢＳ系列で放映された『デパート！夏物語』の舞台となり、主演の高嶋政宏《たかしままさひろ》と西田ひかるが人気を博した。郊外百貨店が「キラキラ」した職場として描かれ、翌年には続編の『デパート！秋物語』

も作られたが、開店から29年後の2019年9月30日に閉店した。

1983年に横浜・港南台に出店した高島屋港南台店は、2020年8月16日に閉店した。日本経済新聞（2019年10月11日付）の報道によれば「91年度には約180億円の売り上げがあったが、2018年度には79億7900万円と半分以下まで落ち込んでいた。14年度以降は17年度を除いて赤字が続き」経営が立ち行かなくなっていた。

総合スーパー業界では、ニチイ＝マイカルグループが、バブル期に16号線エリアの郊外消費市場に挑んだ。横浜・本牧で1989年にオープンした「マイカル本牧」は、米軍住宅があった本牧の山麓《さんろく》に、横浜市の後押しを受けて作った複合商業施設だ。

当時、『日経ビジネス』の記者だった私は、オープンしたばかりの「マイカル本牧」を取材した。平成好景気特集の一環である。特集では日産自動車の高級車「シーマ」が売れに売れた「シーマ現象」も取り上げた。あとから思えばバブル真っ只中の能天気な企画だ。

生きた高級魚やエビ・カニなどを見せて売る「フィッシャーマンズワーフ」風の鮮魚売り場、複数の映画館を有する郊外型シネコン、ドイツのヒューゴボスやイタリアのミッソーニなど有名外国ブランドが並ぶファッション棟と、都心の百貨店に負けない高級志向の品揃《しなぞろ》えだった。建物のデザインは、南大沢のベルコリーヌ同様、南欧風だった。バブル当時の流行《はや》りだ。

本牧は最寄りのJR根岸線の山手駅から約2キロ離れており、鉄道でのアクセスは難しい。地元客以外を集客できるかどうか当初から疑問があがっていた。「横浜周辺はもちろん、東京都心や、鎌倉など湘南《しょうなん》方面からも、自動車で多くのお客様が訪れます」と取材した担当者は強気の発言だった。「歌手のK・Kさんも、先日いらっしゃいました」と、現在も人気が衰えない当時のトップアイドルの名前が出たので、さすがにびっくりした。「ここ自動車でないと不便でしょう。人目につきにくいということもあって、芸能人の方がよくいらっしゃいます」と、彼女が自慢げに語っていたのをよく覚えている。

マイカル本牧の業績はバブル崩壊とともに下降線を辿った。駅から遠い立地にもかかわらず都心の百貨店並みの高級志向というコンセプトはあっという間に時代遅れになった。横浜中心部の「みなとみらい」の開発が進み、客を奪われたことも大きかった。

2011年、マイカルグループは経営破綻し、イオングループに吸収された。現在この地にマイカルの名前はない。当時の建物をそのまま利用したイオン本牧店がかつての雰囲気をかろうじて伝えている。

バブル崩壊がもたらしたモータリゼーション

そごうやマイカル本牧のように早くから16号線沿いに進出した流通業態がなぜ生き残ることができなかったのか。その理由のひとつは、1990年代以降の日本にようやく訪れた本格的なモータリゼーションに対応できなかったことだ。なまじ早くからモータリゼーションの到来を予見したそごうは都市型百貨店の業態を崩せなかったし、マイカル本牧はバブル時代の高級志向にこだわりすぎた。どちらも自動車で移動する消費者をつかみ損ねたのだ。

バブル崩壊以降の日本の郊外で台頭した商業施設は、自動車で来店しやすい大きな駐車場を用意し、店構えは低層で1フロアの面積が広い。1990年代から2000年代にかけて、三重県発祥のスーパー・ジャスコの進化形態であるイオンが郊外消費の主役となったのも、モータリゼーションを前提とした店づくりを徹底していた点が大きい。

1990年代に入ってはじめて首都圏郊外で消費のモータリゼーションが爆発する

流れは、80年代の時点ではきっちり予測され切っていなかったように思う。

１９８０年代、首都圏の未来について切れ味鋭い論を展開したのは、西武流通グループのパルコが発行していたマーケティング雑誌『月刊アクロス』だ。同誌は１９８６年に「第四山の手論」を打ち出した。明治維新以降、中流階級の住む東京の「山の手」が三段階を経て都心からどんどん郊外へ移り、80年代は多摩川を渡ってしまう、という分析である。

この「第四山の手論」を収めた『「東京」の侵略』（ＰＡＲＣＯ出版、１９８７）の中で、増田通二《つうじ》パルコ社長（当時）は、「第四山の手」の範囲を「北は所沢から、南は三浦半島まで」の多摩丘陵地帯と定義した。まさに16号線の通るエリアだ。予言通り、東京の山の手は西へ広がり、東急田園都市線沿線の川崎・横浜は人気居住地となった。

ただし同書を読み返してみると、消費のモータリゼーションの到来の可能性についてて目立った言及がないことに気づく。文中で「第四山の手」住民にとって「クルマがないとどうしようもない」と記し、首都圏のニュータウンに住む主婦の94・４％が日常の「足」として自動車を利用している、と郊外住民にとっての自動車の重要性を明記しているにもかかわらずだ。

なぜだろうか。ひとつ考えられるのは鉄道の存在だ。もともと日本の近現代の都市開発計画においては、道路より鉄道の存在の方が大きかった。

東京都心を起点とする郊外の都市開発には全て、ターミナル駅から伸びる鉄道会社の戦略が織り込まれている。渋谷の東急東横線に東急田園都市線、新宿の小田急線に京王線に西武新宿線、池袋の西武池袋線に東武東上線……。各鉄道会社は沿線不動産の開発主体でもある。

鉄道の延伸と不動産および流通業の開発を同時に行う手法は、よく知られているように阪急グループの創始者である小林一三《いちぞう》が関西で成功したもので、東京では渋沢栄一が大正時代に田園都市株式会社を設立し、田園調布はじめ郊外住宅の開発とのちの東急電鉄の延伸がセットで行われた。各鉄道会社は不動産部門と流通業部門をつくり、現在の東京の私鉄沿線の街並みができあがった。東京の中心から郊外へと広がる都市開発は、「第四山の手論」をふくめ、鉄道会社の戦略が機軸となっていた。

それに比べると、道路沿いをひとつの「地域」とみなして、広域的な都市開発を行う戦略を国や自治体、企業が主導する例は少ない。首都圏の私鉄は、東横線の横浜駅、田園都市線の南町田グランベリーパーク駅、小田急線の相模大野駅、京王線の橋本駅、西武新宿線の本川越駅、西武池袋線の入間市駅、東武東上線の川越駅で16号線と接している。が、以上の駅のある街をまとめて「16号線沿い」という具合に鉄道沿線とは別の「地域」とみなして一体開発する機運は、今も昔も希薄である。

結果、バブル崩壊後の1990年代に始まった首都圏における本格的なモータリゼーションは、各鉄道の沿線単位ではなく、それぞれの鉄道の駅を横串《よこぐし》に刺した16号線を最大の舞台として始まった。ショッピングモール、ディスカウントストア、各種レストランから消費者金融の無人店舗にいたるまで、ロードサイドにはさまざまな業態の店が軒を連ねるようになり、各都市のダウンタウンを凌《しの》ぐ賑《にぎ》わいをみせるようになった。鉄道の駅前よりも、近隣の16号線沿いのほうが、巨大な商業地区になっている地域もある。

そんな時代の変化を積極的に報じたのが、テレビ東京のニュース番組『ワールドビジネスサテライト』であり、キャスターを務めた西村晃《あきら》である。西村は、16号線沿いに暮らす団塊世代と団塊ジュニア世代という地域住民を対象にディスカウント攻勢をかける新興消費ビジネスの勃興《ぼっこう》を番組で取り上げ、1994年には『日本が読める国道16号』（双葉社）、2001年には『東京圏が変わる消費が変わる　国道16号が語る日本の近未来』（PHP研究所）と、16号線エリアの消費と経済を論じた書籍を次々と上梓《じょうし》した。

『日本が読める国道16号』には、1993年8月、16号線沿いの相模原市古淵《こぶち》にイトーヨーカドーとジャスコ（現在はイオン相模原ショッピングセンター）が同時にオープンしたニュースが記されている。

古淵は、1990年代以降2020年代に至るまで16号線沿いの郊外消費の最前線だ。そして、鉄道駅前よりもロードサイドが巨大な商業地区になった典型的な地域でもある。

ヨーカドーとジャスコの大型店が並んでオープンしたのは、すでにバブルが崩壊し、就職氷河期が訪れようとしていた時期だった。当時は共倒れも心配されたが、2023年時点で両店の周囲は16号線沿い屈指のにぎわいを見せる「街」となっている。周辺には、ディスカウント大手のMEGAドン・キホーテ、ホームセンターの島忠ホームズ、ザ・ダイソー、ブックオフ、リクシルのショールーム、ホビーショップTam Tam、ニトリモールが出店し、ニトリの中には、トイザらス、GU、紳士服のアオキ、ヤマダデンキ、ディスカウントスーパーのオーケーなどがテナントとして入っている。

JR横浜線の古淵駅から徒歩圏内にあるが、いずれの店もメインターゲットは、自動車でやってくる客だ。イオンが1500台、ヨーカドーが1350台、ニトリモールが1090台と、各店ともに巨大な駐車場を有している。

バブル期に建てられた南大沢や本牧の街が南欧風の高級イメージを打ち出していたのとは対照的に、16号線沿いの相模原・古淵の「街」のデザインには飾り気がない。わずか数年のずれで店のコンセプトがまったく異なるわけだ。そして生き残ったのは後者だった。

ディスカウントとショッピングモールの時代

また古淵には、ヨーカドーとジャスコ＝イオンが進出する前に16号線ビジネスの先駆けとも言うべき2つの業態が進出していた。どちらにも共通するのは「ディスカウント」戦略である。

ひとつはトイザらスだ。

1991年に日本進出を果たしたアメリカのこの玩具《がんぐ》量販店の単独店舗第1号は、1992年に相模原市古淵の16号線沿いにオープンした相模原店だ。バブルの火は消えつつあったが、同店はこの年、世界中のトイザらスの店舗の中で、1日当たり売上と年間売上の両方で最高記録を打ち立てた。それまで定価販売が基本だった日本の玩具業界にディスカウント価格を持ち込んだのが、当時のトイザらスの大きな勝因だった。

その後もトイザらスは16号線沿いを果敢に攻め、2023年春現在、神奈川県11店舗のうち16号線沿いもしくはその周辺にあるのは4店舗、東京都10店舗中4店舗、埼玉県10店舗中4店舗、千葉県9店舗中5店舗と、40店舗中17店舗を数え、4都県の店舗の43％が16号線沿いとその近隣にある。

もうひとつ、16号線の古淵で花開いた業態といえば、ブックオフだ。

バブル崩壊以降のディスカウント型小売ビジネスのひとつとして、中古販売業が挙げられるが、その代表選手であるブックオフは、1990年、相模原市古淵の16号線裏手に1号店をオープンした。ブックオフ創業者の坂本孝《たかし》は、このビジネスのアイデア自体が16号線周辺で生まれたことを『ブックオフの真実』（坂本孝ほか、日経BP社、2003）の中で明かしている。

坂本は1990年のある日、16号線にほど近い横浜・港南台の環状道路沿いで郊外店舗が密集した一角にあった古本屋に黒山の人だかりができているのを見つけて「これだ！」と閃《ひらめ》いたという。多くの家には読書済みの本があるはずだ。それを自家用車で気軽にまとめて届けてもらえば、地域ごとに中古書チェーンを展開することができるのではないか、というわけだ。

都会に通うサラリーマンが数多く移り住んでいる16号線沿いは、読書を好む層が多いはずだ。潜在需要は大きい。坂本は古淵に店を出し、鉱脈を掘り当てた。バブル崩壊による景気停滞の時代にも呼応し、ブックオフは中古ビジネスの革命児となった。

海外の流通業が本格的な日本進出を成功させたのは90年代後半からである。トイザらスの後を追うように、コストコやＩＫＥＡが16号線沿いや近隣エリアを舞台にモータリゼーションとディスカウント志向に対応した店舗展開を行った。

１９９９年に日本進出したアメリカの会員制小売チェーン、コストコは、２０２２年末現在、全国に31店舗を展開している。神奈川県の３店中２店、東京都１店、埼玉県２店中２店、千葉県３店中３店と、首都圏の大半の店が16号線から数キロ圏内にある。

スウェーデン発祥の世界最大の家具量販店ＩＫＥＡは、数度の失敗を経て２００６年、16号線から10キロほど都心寄りの千葉県船橋市の海沿いに再出店第１号店をオープンした。全天候型のスキー場ららぽーとザウスのあったところだ。埼玉県では新三郷《しんみさと》のショッピングエリア、東京都は立川市、神奈川県は新横浜と、こちらも16号線から数キロ圏内に多くの店を展開している。

バブル崩壊以降、16号線エリアで発展した消費ビジネスは、いずれも自動車での来店を前提とすることで21世紀を迎えた。すでに指摘したように、総合スーパーのジャスコがロードサイドの巨大商業施設イオンモールという業態に進化したのが一番わかりやすい事例だろう。

高級消費財ビジネスの主役も、郊外においては百貨店からモータリゼーションとディスカウントを売り物にしたアウトレットモールへと交代した。なかでも16号線沿いに出店し成功を収めたのが三井不動産商業マネジメントだ。同社は、ショッピングモール「ららぽーと」と、ブランド品の正規ディスカウントショップが居並ぶ「三井アウトレットパーク」を展開している。

三井不動産グループが16号線の近隣に初出店したのは1981年、船橋ヘルスセンターの跡地にできた「ららぽーとTOKYO-BAY」である。ハワイのアラモアナショッピングセンターを参考につくった巨大店舗だ。かつてはそごうとダイエーも出店していた。

興味深いのは、その後25年間、バブル期もバブル崩壊後も同社がじっとしていたことである。ららぽーとブランドを動かし始めたのは2006年からだ。しかも16号線沿いを積極的に攻めた。

千葉・柏の「ららぽーと柏の葉」（2006）、神奈川・横浜の「ららぽーと横浜」

（2007）、埼玉・春日部の「ララガーデン春日部」（2007）、埼玉・三郷の「ららぽーと新三郷」（2009）、埼玉・富士見の「ららぽーと富士見」（2015）、神奈川・海老名《えびな》の「ららぽーと海老名」（2015）、東京・立川の「ららぽーと立川立飛《たちひ》」（2015）と、7店を16号線が通る地域とその周辺に出店している。

ららぽーとの都市部への出店は、東京・豊洲《とよす》の「アーバンドックららぽーと豊洲」（2006）、川崎駅に直結し別ブランドで展開した「ラゾーナ川崎プラザ」（2006）のみである。ほかは埼玉県川口や神奈川県平塚など郊外店舗ばかりだ。また、豊洲にしても川崎にしても、都市部の鉄道駅に直結しているにもかかわらず、それぞれ駐車場を2200台、2000台用意し、シネコンやフードコートを配した郊外型ショッピングモールの体裁をとっている。かつての百貨店とは店の作りが大きく異なるのだ。

三井アウトレットパークの場合、16号線シフトはより徹底している。首都圏の5店舗はすべて16号線の近くにある。98年の横浜・金沢区のベイサイドマリーナ店（現横浜ベイサイド店）を皮切りに、2000年には八王子市南大沢、千葉市幕張、08年には埼玉・入間市、12年には千葉・木更津市にオープンした。南大沢と木更津は、かつてそごうのあった街である。モータリゼーションとディスカウントの2項目を戦略に組み込んだ三井アウトレットパークは、そごうの轍《てつ》を踏まず、自動車で訪れる広域の客層を獲得した。

都市の中心から郊外へ、鉄道利用客から自動車利用客へ、定価からディスカウントへ……。16号線エリアで起きたバブル崩壊後の90年代から2000年代にかけての小売業の大変化については、法の改正も大きな影響を及ぼしていた。

もともと日本では大型小売店の出店を国が規制していた。1937年には百貨店法が制定され、百貨店の出店には国の許可が必要だった。戦後の1947年に独占禁止法の制定でいったん廃止されるが、1956年に百貨店法は中小企業経営を保護するために再制定された。

ところが、百貨店法の網にかからないダイエーやイトーヨーカドーなど総合スーパーが1960年代に台頭して自由に出店し始める。こうしたスーパーの出店攻勢に対して、百貨店法の規制対象の百貨店や中小小売業からスーパーへの規制を求める声があがった。結果、百貨店も総合スーパーもまとめて出店許可の対象とする大規模小売店舗法（大店法）が1974年に施行された。

この大店法が、大型小売店の出店の足かせとなり、今度は批判の対象となった。国内大型小売資本が都市部に出店しようとすると地元商店街が反対して、出店できないケースが相次いだのだ。日本との間で数々の貿易摩擦が生じていた米国からも不満の声が上がった。大店法のせいで米国資本の小売業態が進出できない、非関税障壁ではないか、規制緩和をせよ、というわけである。

大店法にからむ日米構造協議の主役となったのが、16号線沿いに単独店舗1号店を出店することになるトイザらスだった。

1980年代から日本進出をうかがっていたトイザらスは大店法の壁に阻《はば》まれ、なかなか出店できないでいたが、日米構造協議の結果、91年に同法は改正され、大型店の出店が容易となった。同年トイザらスは茨城県阿見《あみ》町に1号店の荒川沖店をオープンし、翌92年1月7日奈良県に西日本1号店を出店した際には、なんとジョージ・ブッシュ大統領がヘリコプターで降り立ち、開店式典でスピーチを行い、大店法の改正を評価した＊（日本経済新聞夕刊、2018年1月30日）。天皇皇后両陛下との会見、宮澤《みやざわ》喜一《きいち》首相との会談が行われる前日のことである。

トイザらスの出店が政治経済両面においていかに大きなニュースだったのかが窺《うかが》える。それから8年後の2000年、大店法は廃止され、「まちづくり三法」のひとつとして大規模小売店舗立地法（大店立地法）が施行された。

90年代のバブル崩壊以降、16号線沿いにモータリゼーションを前提とした大型ディスカウント小売店が数多く展開された裏には、日米間の小売業の規制緩和をめぐる綱引きがあったわけだ。

水族館、動物園、遊園地はこの道に

16号線を象徴する消費の業態として見逃せないのは、アミューズメント施設と動物園や水族館が非常に多いことだろう。戦後から現在にいたるまで、首都圏のアミューズメント施設は16号線の通る地域に展開されてきた、といっても過言ではない。油壺《あぶらつぼ》マリンパーク（閉館）、八景島シーパラダイス、よこはまドリームランド（閉園）、野毛山動物園、みなとみらい21、横浜アンパンマンこどもミュージアム、よこはまコスモワールド、横浜動物園ズーラシア、スヌーピーミュージアム、サンリオピューロランド、多摩動物公園、羽村市動物公園、ムーミンバレーパーク、西武園ゆうえんち、もりのゆうえんち、ふなばしアンデルセン公園、千葉市動物公園、東京ドイツ村、マザー牧場、市原ぞうの国……。東京と千葉の境にある東京ディズニーランドも含めてもいいかもしれない。

さらに、２０２０年7月20日には、朝日新聞が、16号線の脇にある横浜市瀬谷区と旭区にまたがる米軍上瀬谷通信施設跡地（約２４２ヘクタール）に大型テーマパークの構想が持ち上がっていると報じた。同地は、２０２７年の国際園芸博覧会（花博）開催地でもある。

16号線沿いには、架空のクリーチャーと現実の生き物たちがごちゃまぜになって暮らしている、ともいえる。アンパンマン、スヌーピー、キティちゃんにムーミン、ミッキーマウスをはじめとするディズニーのキャラクターたちと、世界中の人気キャラクターが集う。

首都圏の動物園と水族館の多くが16号線沿いに存在するのは、立地の問題が大きい。動物と水棲《すいせい》生物の大量飼育には、広大な土地と緑と水辺が必要だ。動物の鳴き声や臭《にお》いの問題もある。１１００万人規模の人口を有しながら、緑豊かで海も近く広い土地が残っている16号線沿いは、生き物を飼育して展示するのにうってつけの場所というわけだ。

江戸時代末期から２０００年代までの16号線の近現代史を駆け足で眺めてきた。

近代における殖産興業と富国強兵の舞台はこの道だった。戦後の高度成長期を支える物流の要《かなめ》になったこともわかった。バブル経済崩壊以降の低迷し続ける日本経済において、モータリゼーションとディスカウントの流れを受け、この道の消費市場は元気が良かった。三井アウトレットパークやイオンモールなどの隆盛がそれを物語っている。

けれども、2010年代に入り、16号線の上に暗雲が垂れ込めはじめた——。

少子高齢化がもたらすゴーストタウンと16号線の末路

日本の人口は2008年に1億2808万人になったのをピークに減少している。2010年代、少子高齢化は日本が国をあげて解決すべき最大の課題のひとつとみなされるようになった。

大都市の郊外も例外ではない。

1955年の日本住宅公団設立以降、日本各地の都市郊外ではニュータウンが供給され続けた。300ヘクタール以上の大規模ニュータウンは64カ所あり、日本最大の人口集積地である首都圏4都県には、21の大規模ニュータウンができた。そして、これらのニュータウンの大半が16号線から数キロ圏内にある。1997年に街開きした八王子市の「八王子みなみ野シティ」や、2006年に街開きしたさいたま市の「みそのウイングシティ」など、現在も開発がすすんでいるところもある。

ただし、初期の開発から50年以上がすぎており、必然的にニュータウンで亡《な》くなる高齢者もでてきた。１９６６年に開発が始まった多摩ニュータウンでは、65歳以上の高齢化率が４割を超える団地もあるという。

一方、２０００年代には都心の工場跡地や倉庫跡地や埋立地に超高層マンションが次々と建設された。豊洲をはじめとする東京湾岸地域や武蔵小杉《むさしこすぎ》のマンション群はその典型である。結果、さまざまな世代が郊外から都心へ移り住む「都心回帰」現象も起きている。

16号線エリアも例外ではない。

１９９０年代から２０００年代にかけて「ポストバブルの郊外消費の最先端」としてメディアに取り上げられた16号線は、２０１０年代に入ると「年老いた郊外」の象徴となった。

２０１４年、ＮＨＫの人気番組『ドキュメント72時間』では、『オン・ザ・ロード　国道16号の〝幸福論〟』を放映した。

「今回は１本の道が舞台。その名も国道16号線、関東で最も長い環状道路。神奈川県を振り出しに八王子、川越などを通って千葉県まで、いわゆる郊外と呼ばれる場所を結ぶ」

女優、鈴木杏《あん》のナレーションで始まる。バックに流れるのは松任谷《まつとうや》由実＝ユーミンの「哀しみのルート16」だ。「実は今、この道が社会学やマーケティングの世界で熱い注目を集めている」とナレーションが続き、前述の西村晃のいくつかの著書とともに、私が雑誌『ウィッチンケア』に発表した「16号線は日本人である。序論」というエッセイのタイトルも大きく映し出された。私の名前もちらりと出た。

番組が取り上げたのは、一人暮らしのおばあさん、ショッピングモールに集う地元女子中学生、タクシー運転手のおじいさん、犬を散歩させている河原暮らしのホームレスの老人、自動車工場で働く男性、初老のトラック運転手、17歳のカップル、年金暮らしの主婦、16号線沿いをひたすら歩くこれまたホームレスの老人、路上の草を摘んで食料にする老女、東京湾アクアラインで千葉から川崎に通うサラリーマン、海苔《のり》養殖をやめた無職の男性……。

登場人物の選び方から察せられるように、番組では16号線を「年老いていたり、仕事がなくなっていたり、都心に夢を持たなくなっていたりするけれど、等身大の幸せを見つめる人たち」が集う場所と位置づけている。

もしそうならば、16号線沿いに居並ぶショッピングモールやアミューズメント施設はもちろん、この地域の未来そのものにも暗雲が立ち込めていることになる。

住民は年老いて、この道沿いで育った子供たちは戻ってこず、ニュータウンはゴーストタウンに変わる……。首都圏郊外は、本当に年老い、終焉しつつあるのか。16号線の「未来」はどっちだ？

この問いについては、最終章の第6章で答えることにする。

次章では、16号線のいちばん深部に潜り込み、近現代の産物であるこの道がなぜ日本の文明や文化を規定したのか、その謎を構造的に解き明かしてゆこう。

第2章　16号線は地形である

クレイジーケンバンドと横須賀のトンネルの秘密

トンネル抜ければ　海が見えるから
そのまま　ドン突きの三笠《みかさ》公園で
あの頃みたいに　ダサいスカジャン着て
お前待ってるから　急いで来いよ
（作詞・作曲　横山剣『Soul Punch』２００５より）

横山剣率いるクレイジーケンバンドの「タイガー&ドラゴン」の歌い出しである。横須賀を歌ったこの曲には、国道16号線が登場する。

冒頭の「トンネル抜ければ」の「トンネル」を通る道だ。どんな「トンネル」を抜けるのか、確かめてみよう。横浜方面から横須賀に向けて南へと走る。根岸、磯子、杉田と抜けて、能見台《のうけんだい》の丘陵を越え、金沢文庫、金沢八景を海沿いに進む。日産自動車の工場がある横須賀市追浜《おっぱま》に差し掛かると、左右は商店街となる。その先から急にアップダウンが増えて、目の前に山が見え、いよいよトンネルをくぐる。4キロほど走る間になんと8つものトンネルを通る。なるほど歌になるはずだ。細田守監督の映画『未来のミライ』の舞台もこのエリアである。なぜこれほどトンネルが多いのか。それは小さな山と谷が繰り返す地形を道路が迂回《うかい》せずに通り抜けるためである。

最後のトンネルを抜けると視界が開けて、横須賀の市街地が広がる。右手には丘陵地、左手には「海が見える」。前方には米軍基地司令部が鎮座し、そのまままっすぐ進んで左折すれば、海にぶつかる。その「ドン突き」＝突き当たりの海には100歳をこえる古い戦艦が停泊している。日露戦争で活躍した「三笠」だ。ここが「三笠公園」である。

戦艦三笠越しには、米軍基地が見える。米軍基地といえば、横須賀名物「スカジャン」だ。化繊などのテカテカの素材に派手な模様をあしらった横須賀オリジナルのジャンパー「ヨコスカジャンパー」、通称スカジャンは、第二次世界大戦後、連合国軍の一員として駐留していた米軍兵士たちが、横須賀の衣料店で絹製のパラシュートを素材にした自分たちのジャンパーに着物風の刺繡《ししゅう》をしてもらったのが始まりだ。

トンネル。海。ドン突き。三笠。そしてスカジャン。「タイガー&ドラゴン」の冒頭4行の歌詞にちりばめられた5つの単語は、16号線の「秘密」と繋《つな》がっている。その秘密とは、地形だ。

半島、台地、丘陵、川、海、そして小流域

横須賀の地形の特徴は、山が海まで迫っていて、ほとんど平地がないところにある。代わりにあるのが、小さな山谷とリアス式の海岸だ。

山を刻んだ小さな川が谷を穿《うが》ち、小さな湿原をつくり、川となり、すぐに海へと注ぐ。その先に水深のあるリアス式の湾がある。平地がほとんどないために、道路も鉄道も、たくさんの谷と尾根とを抜けなければいけない。だから、横須賀の海沿いの道

路と鉄道はトンネルだらけになるわけだ。

山が海まですぐ迫っているリアス式の湾は、浚渫《しゅんせつ》しなくても水深が確保できる。そのうえ常に穏やかだから天然の良港となる。ゆえに三浦半島沿いの湾の多くは古くから港として活用され、明治維新以降、横須賀は軍港として発展し、浦賀は造船所として名を馳《は》せた。今も米海軍基地があり、海上自衛隊の施設がある。

「山と谷と湿原と水辺」と「リアス式海岸」という地理的条件が揃《そろ》った地形が、日本の海軍基地を生み落とし、米軍基地を呼び寄せたともいえる。この地形がなければ、横須賀に軍港はつくられず、米軍基地の街にもならなかった。横須賀の街の歴史と現在を規定したのは、トンネルだらけの地形なのだ。

16号線エリアにはどこを走っても、横須賀と同様「山と谷と湿原と水辺」がセットになった地形がずらりと並んでいる。

「山と谷と湿原と水辺」のセットの地形とは、台地や丘陵の端っこにできた「小流域」地形のことである。ささやかな水の流れが山や台地の縁《へり》を削り、谷をつくり、湿原を産み、扇状地をもうけ、小さな川が海や湖や大きな河川に流れ着く。16号線は「小流域」地形が数珠《じゅず》つなぎになった道路なのだ。この「小流域」を含む「流域」を大地の単位と捉《とら》える観点は今後重要になるので後で詳述しよう（81頁）。

地形を意識しながら、改めて16号線を走ってみる。

横須賀から金沢八景、磯子、根岸、野毛から横浜駅近くまで、丘陵地の縁の埋立地を通る。海まで迫った丘陵地には、横須賀同様小さな谷が連続している。横浜の中心街から神奈川の内陸部にかけては、多摩丘陵の縁を走ることになる。やはりいくつもの山と谷とを登り降りする。

横浜市と町田市の境目から相模原、橋本までは平坦《へいたん》な道が続く。ただし、このあたりは平野ではない。相模湾・江ノ島に注ぐ境川と相模川に挟まれた相模原台地（相模野台地とも呼ぶ）だ。境川の向こう岸には多摩丘陵が高尾山までつながる。

リニア中央新幹線の予定駅である橋本を抜け、境川を渡り、急な坂を一気に駆け上がる。左右は雑木林が茂る切り通しだ。その先の御殿《ごてん》峠の信号は標高１８３メートル、16号線沿いで一番高いところだ。

切り通しを抜け、長い坂道を下ると視界が開ける。八王子市街地から多摩川を渡ると、対岸の福生にかけて再び標高が高くなり、米軍横田基地沿いのまっ平らな道を走る。武蔵野台地だ。福生市から埼玉県入間市、川越市まで武蔵野台地が続く。川越は武蔵野台地の縁だ。眼下には入間川と合流した荒川の大きな河川敷が広がる。

向こう岸に渡り、大宮台地を進む。さいたま市から春日部市を過ぎる20キロの間には、鴨《かも》川、芝川、見沼代用水、綾瀬《あやせ》川、元荒川、古隅田《ふるすみだ》川、大落古利根《おおおとしふるとね》川、幸松《こうまつ》川、倉松川、中川、18号水路、そして無数の農業用水と、たくさんの川が流れている。

江戸時代初期まで、荒川（現在の元荒川）と利根川（現在の大落古利根川）の本流は接するように大宮台地を刻んでいた。２本の川は下流の越谷《こしがや》で合流し、入間川（現在の荒川）といっしょになり、現在の隅田川の流路を辿《たど》って東京湾に流れ出ていたのである。関東平野全域を流域としている２本の川の流れが集約されていたため、台風や豪雨のたびに凄《すさ》まじい水害が起きていた。

江戸時代初期に徳川家康の命で江戸幕府は一大治水事業を行った。実際に河川改修にあたったのは関東郡代の伊《い》奈《な》忠次《ただつぐ》ら伊奈一族だ。利根川と荒川の流路を変えて東西に振り分けたのである。大宮台地に今も流れるいくつもの川はこの治水対策「利根川東遷《とうせん》」と「荒川西遷《せいせん》」の名残だ。

これだけの治水を行っても、利根川や荒川の上流部に大雨が降ると下流部では水害が起きた。１９４７年のカスリーン台風は関東地方全域と東北の一部に大水害をもたらし、徳川幕府によって流路を変えられた利根川と荒川の堤防を共に決壊させた。もともとの流れを伝って埼玉から東京の低地である足立区、葛飾《かつしか》区、江戸川区を濁流が襲った。

こうした水害を防ぐべく、徳川の治水事業から約400年後、2006年に完成したのが、春日部市の16号線の地下に設けられた世界最大級の地下放水路「首都圏外郭放水路」（通称「地下神殿」）だ＊。

16号線の地下50メートルに、直径10メートル全長6・3キロのシールドトンネルがつくられたのである。上流部が豪雨に見舞われて増水すると大落古利根川、幸松川、倉松川、中川、18号水路の脇《わき》に設けられた深さ70メートル内径30メートルの立坑に水が流れ込み、シールドトンネルを伝い、江戸川沿いの地下に用意された長さ177メートル幅78メートル高さ18メートル、59本の巨大なコンクリートの柱が林立する調圧水槽に流入する仕組みだ。貯《た》められた水は計画的に江戸川へ放水される。地下神殿の最大容量は東京ドームの半分、約65万立方メートルある。見学可能なので足を運んでみると良いと思う。埼玉県、茨城県、東京都の約347万人が暮らす中川・綾瀬川流域を守る役割をその目で確認できる。

2019年10月、関東地方に上陸し、数多くの爪痕《つめあと》を残した巨大な台風19号の際も、地下神殿がフル稼働《かどう》し、4日で東京ドーム9杯分、約1218万立方メートルの水を処理した。過去3番目に多い量だったが、見事に役目を果たし、下流部での洪水発生を防いだという。

16号線の話題に戻ろう。春日部の東、大宮台地を下ると江戸川を渡り、しばらくするとまた登り坂になる。千葉県柏市の下総《しもうさ》台地である。北側には現在の利根川が流れている。近くには手賀沼、印旛沼《いんばぬま》が点在し、アップダウンが増える。千葉市へと入り、市原市に差し掛かると東京湾にぶつかる。そこからの道はずっと平坦だ。埋立地を走っているからである。左手には小流域がつらなる丘陵地帯が迫る。富津岬の手前で16号線は終わる。その先の房総半島先端部は、鋸山をはじめ標高の高い山と丘陵とがある。

約３２６キロ、今度は地形を意識しながら走ってみた。16号線は実に複雑な地形の上を通っている。リアス式の半島、いくつもの台地とその間を流れる大きな河川、目の前には東京湾、そして、幾重にも続く「小流域」の山谷が続く。

大学と城と貝塚と石器が同じ場所で見つかる

郊外の環状道路、というと、平地を延々と走るイメージを持たれるかもしれない。が、16号線が走るルートはアップダウンが多い。「山と谷と湿原と水辺」がワンセットとなった「小流域」地形を延々と通っているからだ。凸凹だらけである。現在の我々の価値観からすると真っ平らな低地のほうが住みやすそうだが、この地には有史以来現代に到るまで、人々が豊かな営みを繰り広げてきた。証拠を4枚の地図(©Google)でお見せしよう(82～83頁)。

4枚の地図にプロットされた点の正体は一体何か？ 答えは次の通りだ。

①現代における国道16号線近辺の「大学」。時代は2018年。
②中世の「城」。900年代末期から1500年代末期まで。
③縄文時代の「遺跡や貝塚」。1万数千年前から2500年前まで。
④旧石器時代の「遺跡」。3万数千年前から1万5000年前まで。

(注：以上4枚にプロットした、旧石器遺跡、縄文遺跡・貝塚、古城、大学は、国道16号線沿いに分布している代表的なものを、大学資料、各遺跡や地方自治体の公式サイトなどを参考に、筆者が抜き出している。実際には、都心やさらに16号線沿いの外側にも遺跡や古城、大学は存在する。あくまで16号線エリアに「遺跡」や「城」跡や「大学」が多くあることを見てもらうのが目的なので、その点はご留意いただきたい)

3万数千年前から現在に至るまで、時代ごとの遺跡や建造物をピックアップして、点として地図に載せてみると、不思議なことに現在、16号線が通るルートに、似たような配列で点が並ぶ。旧石器時代、縄文時代から中世、現代にいたるまで16号線エリアには人々の営みがあったことがわかる（本書では、現在16号線が通っている地域を、どの時代においても「16号線エリア」と呼んでいる。なお、この地域には、鎌倉や三浦、厚木、立川、日野、所沢、三郷、流山、印西《いんざい》、佐倉など16号線から10キロ以内の自治体も含まれる）。

なぜ、3万数千年前から現代にいたるまで、16号線エリアに人々が暮らし続けたのか。

私の仮説は、「山と谷と湿原と水辺」がワンセットになった小流域地形が人々を呼び寄せた、というものだ。この小流域地形がジグソーパズルのようにびっしり並んで東京湾をぐるりと囲む。その人の営みをつないでいくと、現在の16号線になるのだ。

小網代《こあじろ》の森で妄想する縄文時代の16号線ライフ

16号線エリアの「小流域」という地形に私が注目したのは、大学時代から師事している岸由二慶應義塾大学名誉教授から「流域思考」を学んだからである。

岸の「流域思考」とは、「流域」という大地の単位で自然から人々の営みまでを考

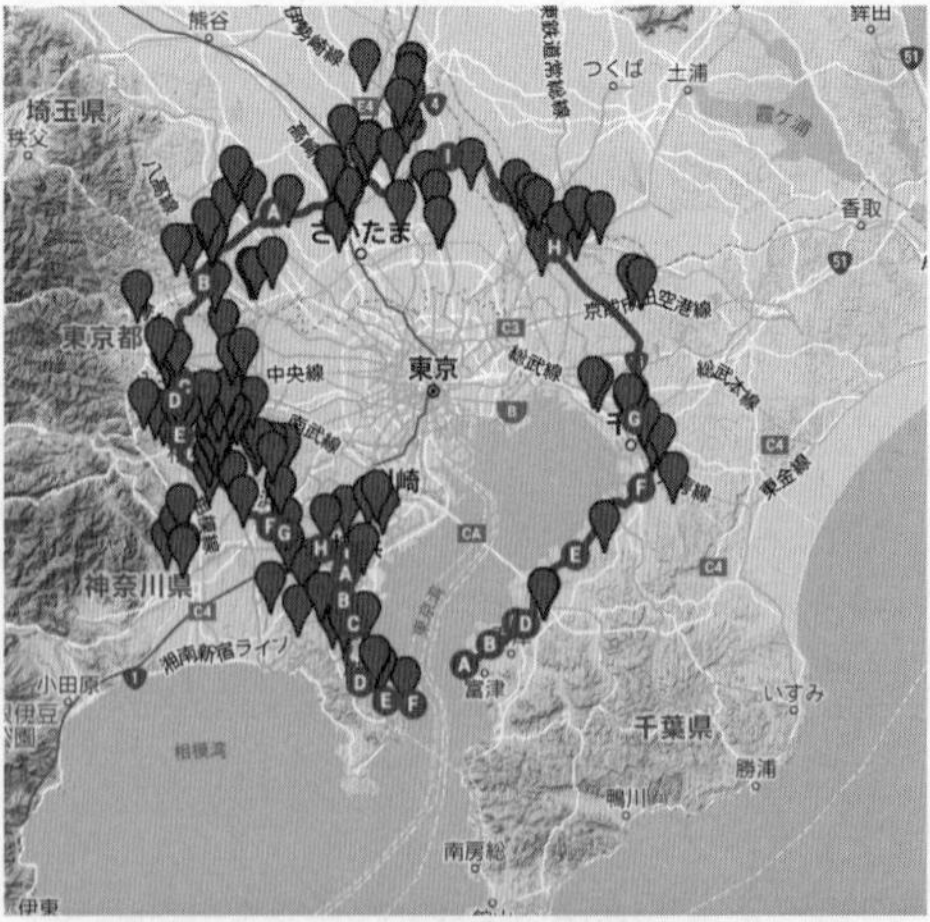
熊谷
鉾田
つくば
土浦
埼玉県
秩父
霞ケ浦
さいたま
香取
東京都
中央線
東京
総武線
総武本線
川崎
東金線
神奈川県
湘南新宿ライン
小田原
富津
いすみ
千葉県
勝浦
鴨川
南房総
伊東

①

熊谷
鉾田
つくば
土浦
埼玉県
秩父
霞ケ浦
さいたま
香取
東京
総武線
総武本線
川崎
東金線
神奈川県
湘南新宿ライン
小田原
いすみ
千葉県
勝浦
鴨川
伊東

②

熊谷
伊勢崎線
つくば
土浦
埼玉県
秩父
香取
東京
中央線
総武線
神奈川県
湘南新宿ライン
小田原
富津
いすみ
千葉県
勝浦
鴨川
南房総
伊東

③

熊谷
伊勢崎線
つくば
土浦
埼玉県
秩父
さいたま
香取
東京都
中央線
東京
総武線
総武本線
川崎
横浜
東金線
神奈川県
湘南新宿ライン
小田原
横須賀
富津
いすみ
千葉県
勝浦
鴨川
南房総
伊東

④

える、というものだ。

「流域」とは、雨水が地面に降ってできた水の流れが収束する大地の単位である。わかりやすいのは河川流域だろう。雨が降って水が流れ、川になり、地面に凸凹を作り、海に流れ出る。小さな河川流域は、大きな河川流域に合流する。

岸は、流域を「大地の表面の細胞」と表現する。生きものの体の単位が「細胞」であるのと同様に、雨降る大地は流域単位で区切ることができる。それぞれの流域は尾根で区切られており、ジグソーパズルのように海に向かって大地を区分している。

街をつくって暮らすにしろ、農業をやるにしろ、自然を保全するにしろ、治水をするにしろ、この大地の単位である「流域」を常に意識し、思考することが重要だ、と説く。

養老《ようろう》孟司《たけし》との共著『環境を知るとはどういうことか』（ＰＨＰサイエンス・ワールド新書、２００９）のなかでは、「流域思考」を、まずは気軽に「流域単位で考えましょう、物事をとらえていきましょう」というところから始めてほしい、と語っている。というのも、地球上に暮らす大半のひとが流域の当事者だから、である。北極や砂漠でもない限り、人類はどこでも雨降る大地のどこかの流域に暮らしている。

日本には約１万４０００の一級河川があり、国土の７割近くが１０９の一級水系の流域となっている。そのほかの地域も二級河川や準用河川、あるいは暗渠《あんきょ》となった川の流域に属している。岸はまたこうも言っている。

「日本列島の大地は『流域構造』に埋め尽くされています。みなさんの住まいや働く場所は、必ず大小さまざまな河川の『流域』のどこかに属しています。日本全体をみると、ジグソーパズルのように大型河川の『流域』で大地が区切られているのが分かります」（『大規模水害、再発を避けるには「流域思考」が必要』岸由二、柳瀬博一、日経ビジネス電子版、2019年7月8日）＊。

旧石器人も、縄文人も、関東武士も、現代人も、流域で暮らしてきた。人間が土地の形を変えたり、河川を整備したり、小川を暗渠にしても、雨が降り注ぐ限り、あらゆる土地はどこかの流域に属しているからだ。

16号線は、首都圏の台地や丘陵地、海辺のリアス式海岸の縁を走っている。また、一級水系の利根川水系、荒川水系、多摩川水系、鶴見川水系、相模川水系を横断している。こうした大河川では、山から流れ出た細かな支流が小流域を形成し、合流して大きな川の流域をつくっている。16号線エリアには、大河川の流域と支流の小流域の両方が存在するわけだ。

丘陵地が直接海に面している横浜市街から横須賀にかけて、千葉の市原から富津にかけてのエリアは、一級水系に属していない二級河川やさらに小さな川、あるいは暗渠となった「元・川」のつくった小流域が並んでいる。本章冒頭にとりあげた、山と谷が連続していくつものトンネルを潜る横須賀の景色は、まさに小流域が連続している地形の特徴を表している。

こうした小流域の地形と自然が、16号線エリアに人々を呼び寄せ、暮らしを支えた。古代人にとっていちばん暮らしやすい場所だったからだ。

なぜ小流域地形が暮らしやすいのか。その答えを見つけるために、三浦半島の「小網代の森」を訪れてみることにしよう。16号線の終点、走水から国道134号線を15キロほど走った三浦半島の相模湾側に「小網代の森」はある。「森」と言っても実際は「谷」だ。川の最上流から河口干潟まで70ヘクタールの流域全体の自然が丸ごと残された東日本唯一《ゆいいつ》の場所である。ここでは、都市開発が進む前の小流域の姿を観察できる（地図1）。

この小網代の自然の保全活動を主導したのが岸である。80年代半ば、ゴルフ場やボート基地など複合リゾート開発の対象となったこの地の自然のかけがえのなさを世に伝え、NPO小網代野外活動調整会議を組織した。国や自治体、地元企業や地元住民と連携し、70ヘクタールの流域を丸ごと守ることに成功した。

地図1　三浦半島、小網代の森

© たむらかずみ（『「奇跡の自然」の守りかた』より）

現在、小網代の自然は一般開放されており、誰もが最上流から河口までの自然を、散策路を歩きながら春夏秋冬楽しむことができる。その保全の過程は、『「奇跡の自然」の守りかた』（岸由二、柳瀬博一、ちくまプリマー新書、２０１６）に詳しい。明仁《あきひと》上皇・美智子《みちこ》上皇后両陛下も、天皇、皇后在位時代の２０１６年7月に小網代の森を訪問され、岸が案内した。

大学時代に岸の授業を履修して以来、私も小網代の保全活動に三十数年携わっている。都内から横浜を抜けて横須賀を通り、三浦半島の先端の小網代へ自動車で何度も往復した。16号線という道路の存在とそのユニークさを直接知るようになったのも、小網代通いの行き帰りで必ず16号線を通っていたからだ。

小流域は人が暮らすのにいい場所だ、と最初に感じたのは、80年代半ば、小網代の森を岸と歩いていたときのことだ。「縄文土器」の破片が落ちているのを岸が見つけた。縄文人が暮らしていたわけである。あとから知ったが、周辺の三浦半島の複数の地域からは旧石器遺跡も見つかっている（83頁地図③④）。どうやら3万年以上前から三浦半島には人が暮らしていたのだ。

小網代の森では、1000年以上にわたって稲作が行われていた。人々は川をせき止め、土を溜《た》め、斜面の木を間伐し、棚田をつくり、稲を育てた。斜面林は定期的に薪《まき》として伐採され、燃料となった。その営みが徐々に絶えたのは60年代のことだと地元の人から聞いた。

人の手が入らなくなると、小網代の棚田は湿原になり、林は深くなった。80年代に岸が小網代を訪れたのはそんな時期だった。生物調査を行うと、初夏には多数のホタルが飛び交い、2000種を超える動植物が暮らしていることがわかった。

ただし、棚田だった湿原は、人が手入れをせずに放っておかれた結果、次第に乾燥化し、笹薮《ささやぶ》になってしまっていた。斜面には常緑樹が生い茂り、谷には光が入らなくなった。生き物の数は減っていった。保全が確定したのち、岸の指導で、笹を伐採し、杭《くい》を打ち、土砂を溜め、川の流路をコントロールし、土地の水位をあげ、湿原を回復させた。湿原の減少で一時は激減したホタルが復活し、貴重なトンボの数が増え、多様な生態系が保たれるようになった。

こうした土木作業はもっぱら人力で行う。私自身も作業に従事してわかったことがある。70ヘクタールほどの小流域ならば、少数の人の手でなんとか湿原を回復できるのだ。つまり自然の谷を田んぼに作り替え、稲作を行うことが可能なのだ。

巨大な一級河川の氾濫原《はんらんげん》を田んぼにしようとなると、大掛かりな治水技術と大量の人手が必要になる。個人や小さな村の単位では、とても無理だろう。古代の稲作は、まず小網代のような小流域に手を入れて棚田を作るところから始まったはずだ。

小網代の河口には3ヘクタールほどの干潟があり、絶滅危惧種《きぐしゅ》を含め、多くの魚介類が多数生息している。泥を掘り起こせば、たくさんの貝類が姿を現す。小流域の河口干潟は、古代人にとってタンパク質の宝庫だった。このため16号線エリアには無数の貝塚が存在する。

海沿いの小流域は、稲作が可能な一方で、河口にできた干潟や磯で魚介類も難なく採集できる。斜面林を活用すれば燃料の薪も豊富にとれる。河口湿地のヨシ原は、茅《かや》葺《ぶき》屋根やヨシズ、燃料や肥料に利用できる。尾根筋に上がってしまえば、日当たりがよく水害に遭う心配もない。谷の奥に行けば源流があるから、飲み水になる清涼な水も手に入る。そして船を漕《こ》ぎ出せば、海の向こうとも行き来ができる。

小網代の干潟の先には奥行き1キロほどの湾があり、そこを出れば相模湾だ。伊豆半島や伊豆大島がよく見える。三浦半島を回り込めば房総半島も遠くない。旧石器時代の昔から、人々は船で行き来していた。三浦半島小網代の小流域は小集団が暮らすのに適した場所であると同時に、海を介して他の地域や世界ともつながっていた。

この小網代と似たような条件を備えた小流域が、三浦半島や房総半島、東京湾の海岸沿いにはたくさん並んでいる。利根川や荒川など一級河川に注ぐ小河川の流域も同様の条件を備えている。

16号線は、そんな無数の小流域を数珠つなぎするように走っている。道ができたのは現代になってからだが、地理的条件を鑑《かんが》みると、古代の人々がもっとも暮らしやすい場所＝小流域がずらりと並んでいたのが、16号線エリアだったのではないか。道が生まれる前の、古い遺跡や貝塚がたくさん見つかるのが何よりの証拠だろう。むしろ、人々を引き寄せた地形が現在16号線となった道をつくったのだ。

現在、16号線エリアの小流域のほとんどは、原型をとどめていない。住宅地になったり、商業地になったりしており、川の多くは暗渠となっている。

自然がまるごと残された小網代の森を訪れると、旧石器時代、縄文時代、弥生《やよい》時代から戦国時代までの16号線エリアの古い景色を幻視できるはずだ。京浜急行電鉄の終点、三崎口駅から徒歩30分程度で森の入り口に到着する。委託管理を行っているNPO法人小網代野外活動調整会議のサイト情報などを参考に、散策を楽しんでほしい＊。

ナウマンゾウが闊歩《かっぽ》する道に旧石器人が住み着いた

日本に最初の人類が渡ってきたのは約4万〜3万8000年前だといわれる。『日本人はどこから来たのか？』（海部《かいふ》陽介《ようすけ》、文藝春秋、2016）、『核DNA解析でたどる日本人の源流』（斎藤成也《さいとうなるや》、河出書房新社、2017）などをひもとくと、最初に日本列島に人類が渡来したルートは3つあったというのが現代の定説のようだ。

第1は、樺太《からふと》・北海道ルート。最終氷期に海面が低下して北海道、樺太、ユーラシア大陸は地続きとなっていた。人類はマンモスなどの巨大哺乳類《ほにゅうるい》と一緒に大陸から樺太、北海道にやってきて、津軽海峡を渡り、本州へ到達した。

第2は、朝鮮半島から対馬《つしま》を通った九州北部地域ルート。最終氷期においても、朝鮮半島と対馬の間には、幅40キロほどの海峡があったらしい。人類はこの海峡を舟で渡り、日本列島に上陸した。

第3は、現代の台湾近辺から沖縄に到達した集団である。台湾に最も近い日本最西端の与那国島《よなぐに》から、西表島《いりおもて》、石垣島、宮古島、沖縄本島、奄美《あまみ》大島との約1200キロ間に点在する島を渡りながら、九州に到達したようだ。

海の向こうから日本列島に到達した人々は、いろいろなルートを経て、東京近郊の地域にたどり着き、16号線エリアに住み着いた。数々の遺跡の調査から、3万年前までには16号線エリアの各地に人の営みがあったことが確認されている。

最終氷期の海面は今よりも百数十メートル低かった。東京湾は干上がって陸地となり、真ん中を関東平野の水を集めた古《こ》東京川（現代の利根川と重なる）が流れ、深い谷を作っていた。横須賀近辺のトンネルが続く深い谷の地形もリアス式海岸も、氷期に海が後退したとき川の流れが大地を穿って作ったものだ。古東京川の河口は、三浦半島観音崎と房総半島の富津岬を結んだ先、現在の浦賀水道のあたりだった。

16号線エリアの旧石器時代の人々の暮らしぶりをのぞいてみよう。

埼玉県上尾市の諏訪《すわ》坂《さか》貝塚は、元荒川（かつての荒川本流）の西側、16号線からは3キロほど北上した大宮台地の中央部にある。周囲には芝川など複数の小さな川が流れており、古代は山と谷と湿原と川があった場所だ。

神奈川県相模原市の小保戸《こほと》遺跡は、橋本駅と16号線が交差するあたりから西に4キロほどにある小高い丘で見つかった。眼下には相模川が流れる、標高132メートルの河岸段丘《かがんだんきゅう》だ。背後にはさらに高い山があって、鎌倉時代に築城され後北条氏の支城ともなった津久井城跡がある。現在は首都圏中央連絡自動車道が走っている場所だ。

三浦半島の船久保遺跡は、16号線から7キロほど離れた、標高30メートルほどの丘陵地帯にある。眼下には小田和《おだわ》湾を望む。約3万年前の石器とともに、恐らくはシカを仕留めるためにつくった落とし穴がまとまって見つかっている。NHKの2018年6月15日の報道によれば、その規模から100人単位の集団が暮らした可能性もあったという*。

旧石器遺跡は、このように丘陵地帯や台地の縁で見つかることが多い。眼下に川が流れている高台の見渡しの良いところ、近くには小さな谷があるようなところだ。旧石器人も「山と谷と湿原と水辺」がワンセットになった「小流域」地形に好んで暮らしていたようだ。

2010年に日本旧石器学会が作成した旧石器時代前半期（4万年〜2万9000年前）の関東地方で見つかった旧石器遺跡の分布図を見る。すると、16号線が現在通っている、神奈川、東京、埼玉、千葉の、三浦半島、相模原台地、多摩丘陵、武蔵野台地、大宮台地、下総台地、千葉の沿岸部の丘陵地帯に、多くの人たちの生活の痕跡《こんせき》が残されていることがはっきりわかる*。

現在残っている遺跡の場所をみると、彼らは水はけのいい小流域の尾根筋や台地の縁に居を定めたようだ。目の前の谷を下れば、水辺と湿原がある。ナウマンゾウ、ツキノワグマ、シカ、タヌキなど哺乳類の多くが水飲みや水浴びにやってくる。狩猟にはうってつけだ。近くに落とし穴をつくって、大型哺乳類を狩り、肉を食い、皮を剝《は》いで衣服をつくる。水辺で魚介類をとるのもたやすい。川沿いにはクルミの木が並び、日当たりのいい山の斜面にはクリやヤマブドウなどが生えていて、木の実や果実を容易に採集できる。つまり、衣食住の全《すべ》てが目の前で手に入ったわけだ。

旧石器時代から縄文時代にかけて、世界の気候は著しく変化した。約1万5000年前から地球の気候は次第に氷期から間氷期となり、温暖化が進んだ。ヤンガードリアス期という小氷期が1万2000年前ごろに訪れ（近年の発見で、グリーンランド近辺に落ちた隕石《いんせき》の影響だったという報告がある）いったん気温が下がるが、ふたたび世界の気候は暖かくなり、現代より百数十メートル低かった海面は、氷河の消失に伴い一気に上昇した。約6000年前には現代より3～5メートル海面が高くなった。縄文海進期である。

東京湾の内陸まで海が流れ込み、現在の利根川や鬼怒《きぬ》川、荒川の下流部にあたる低地は海辺になった。川越市の荒川の河川敷も、海岸だった。印旛沼や手賀沼、そして霞《かすみ》ヶ浦《うら》が点在する千葉と茨城の県境の沼地は、全て繫がって古鬼怒湾、のちには香取《かとりの》海《うみ》と呼ばれる１つの内海を形成していた。東京23区も山手線が崖下《がけした》を通る上野から田端までの東側の地域は全て海だった。

16号線エリアの縄文遺跡の分布を見ると、東京湾や縄文海進で海に没した低地に面した丘陵地の縁と、多摩川や荒川など大型河川沿いの台地の縁が目立つ。海の幸がとりやすくなったためだろう、縄文時代の代表的な遺跡は、やはり貝塚である。

縄文人は、旧石器時代同様、「山と谷と湿原と水辺」がつながった「小流域」地形に好んで暮らしていたようだが、多くの地域で海が迫っているため、旧石器時代に比べると、海産物をたくさん消費していたと言えよう。

貝塚と大学の数が日本一多い

16号線エリアからはたくさんの貝塚が見つかる。全国には約２７００の貝塚があるが、その３分の１を超える９５０カ所が、三浦半島、横須賀、横浜、千葉の東京湾沿岸部や、縄文海進時には海だった荒川や利根川流域、やはり海だった手賀沼や印旛沼に面した地域に点在している。

千葉市の公式サイトによれば、同県だけで770カ所の貝塚が発見され、千葉市内からは約120カ所の貝塚が発見されている。「世界有数の貝塚数を誇ることができる都市として、『貝塚のまち』とも呼ばれています」（千葉市ホームページより）。

貝塚や遺跡の数をみると、縄文時代の16号線エリアがいかに暮らしやすかったかがわかる。縄文人の多くは目の前の海辺や干潟で蟹《かに》や貝などを拾い、動物の骨で釣り針をつくり、魚を釣って暮らしていた。その名残が貝塚というわけだ。

横須賀には、教科書に登場する夏島貝塚がある。関東の縄文遺跡としては最古の約1万年前のものとされ、ヤマトシジミやマガキが積もった貝塚と縄文土器が見つかっている。

京浜急行追浜駅を降り、16号線を渡って先の道を行くと海にぶつかる。左手が日産自動車の追浜工場で、右手奥に海洋研究開発機構＝JAMSTECの本部がある。有人潜水調査船「しんかい」や地球深部探査船「ちきゅう」を駆使して、海に関する研究を世界的にリードする科学研究組織だ。そのオフィスの裏にある常緑樹に覆われたこんもりとした小山が夏島貝塚である。かつての夏島は文字通り「島」だったという。

縄文時代、人々は小高い山のある島に移り住み、周囲の干潟や磯で魚介をとって暮らしていたのだろう。

旧石器時代から縄文時代にかけて、16号線エリアの東京湾をとりかこんだ丘陵地帯の縁にたくさんの人々が暮らしていたのは、日本旧石器学会が作成した、旧石器時代と縄文時代草創期の遺跡／文化層１万６７７１の分布図＊などを見てもはっきりわかる。

縄文時代後期になると次第に地球の気温が下がる。氷河が発達して海岸が後退し、海辺は陸地に変わっていく。弥生時代の始まりだ。約２５００年前（紀元前5世紀）から約１８００年前（紀元3世紀）にかけての約７００年間で稲作が一般化した。

朝鮮半島から渡来人が渡ってきた弥生時代については、九州北部や中国地方、近畿地方を中心に歴史が語られることが多いが、弥生人たちも引き続き、16号線エリアに暮らしていた。

横浜市都筑《つづき》区の港北ニュータウンでは、宅地造成の際に弥生時代の遺跡が多数出土している。そもそも「弥生時代」という呼び名は、東京・文京区の東京大学キャンパスのある弥生町の貝塚で見つかった土器を「弥生式土器」と名付けたことに由来する。東京こそが「弥生時代」「弥生式土器」という名の発祥の地なのだ。

時代を下って、3世紀半ばから6世紀半ばにかけての古墳時代は、大和朝廷の成立時代であり、巨大な前方後円墳である大仙陵《だいせんりょう》（仁徳《にんとく》天皇陵）に象徴されるように、名実ともに近畿地方が日本の文明の中心となる。その一方で、関東でも古墳は作られ、人々の営みがあったことを物語る。16号線エリアの外周部では、古墳時代の巨大な古墳がいくつも発見されているのだ。

なかでも、16号線から荒川沿いに30キロほど上流に遡《さかのぼ》った埼玉県行田《ぎょうだ》市には、有名な埼玉《さきたま》古墳群がある。埼玉の地名の由来となった場所ともいわれ、現存しているだけでも37万平方メートル、東京ドーム8個ぶんの公園内に8つの前方後円墳と1つの円墳、全部で9つの古墳がある。もともと33基の古墳が集まっていたという。

周辺には別に7つの古墳群があり、74基もの古墳が確認されている。いちばん古いとされる稲荷山《いなりやま》古墳は5世紀後半（400年代後半）のものだという。ちなみに、日本最大の古墳として有名な大仙陵古墳が現在の大阪・堺《さかい》市に築造されたのが5世紀前半から中ごろ。世界遺産にも登録された大仙陵古墳を含む百舌鳥《もず》古墳群とほぼ同時代の古墳群が、埼玉の16号線の北側に広がっていたわけだ（埼玉県立さきたま史跡の博物館ホームページより）。

千葉県の古墳群も必見だ。文化庁の調べでは千葉で発見された古墳および横穴墓は累計1万3000近くあり、全国4位の数を誇る。16号線沿いの富津の丘陵地には、内裏塚《だいりづか》古墳をはじめ、巨大な前方後円墳が現存する。手賀沼周辺でも数多くの古墳が見つかっている。

平安時代以降の中世、鎌倉時代、室町時代、そして戦国時代にかけて、たくさんの「武士」たちが、16号線エリアの丘陵地に城を築き、覇権を争っていた。この時代についてては第4章でくわしく説明することとしよう。

現代の施設で、古代の貝塚や古墳のように16号線エリアに集中しているのが大学だ。地図①（82頁）をみていただければ一目瞭然《りょうぜん》である。数えてみたところ、110もの大学が16号線近辺にキャンパスを有している。「東京郊外の大学」＝「16号線エリアの大学」なのだ。

なぜ16号線エリアに大学が多いのか。自身も八王子の東京工科大学で広報課長を務めた経験のある教育ジャーナリストの後藤健夫に聞いた。

「国道16号線沿いに大学が設置されるようになった当初のきっかけは、1960年代の学生運動です。運動が激しかった大学を都市部から引きはがす目的で東京の郊外へ移転をさせたんですね。法政大学、中央大学など有名私立大学がキャンパスの一部を移転しました。そのとき都心から通える距離として選ばれたのが多摩から八王子にかけての東京西部だったのです」

都心にキャンパスのあった有名大学が次々に移転した東京西部に次の動きが起きる。80年代から90年代にかけて、バブル景気による都心の不動産価格の高騰《こうとう》で、首都圏で働く子育て世代のための住宅地が大量供給され、一気に若年人口が増えたのだ。後藤は言う。

「若い家族が移り住み、若年人口が増え続けるエリアに教育機関が増えるのは必然です。さらに団塊の世代の子供=団塊ジュニアが大学に進学する時期とも重なりました。16号線沿いには大学が次々と新設されたわけです」

かくして16号線エリアには老舗《しにせ》校から新設校まで大学がずらりと軒を並べるようになった。

ちなみに、大学の移転や新設が始まる直前の高度成長期には、16号線より内側の地域で、多摩ニュータウンや横浜の港北ニュータウン、16号線沿いでは千葉ニュータウンなどの開発が進められていた。すると造成地からは、旧石器、縄文、弥生、古墳時代の遺跡が次々と見つかった。80年代から90年代にかけて住宅開発が行われると、さらにさまざまな遺跡が発掘された16号線エリアは「ニュータウン」どころか「オールド」いや「オールデスト」な街だったことがよくわかる。

湿原と台地が古代の高級住宅街を生んだ

「小流域」地形の特徴は、もともと干潟や湿地のような湿原環境を有していたことだ。今やこうした環境は真っ先に埋め立てられてしまうが、初期の人類の文明は湿原環境で発達した、という研究が海外でも進んでいる。

『反穀物の人類史』（みすず書房、２０１９）で、イェール大学政治学部・人類学部教授のジェームズ・Ｃ・スコットは、小麦や米のような穀類の品種改良と大規模農業の発達が定住文明の始まりである、という歴史の定説に疑問を呈し、従来、狩猟採集民とされた人々がすでに多様な定住文明を構築していたことを綴《つづ》る。その際、彼らが定住地として選んだ場所が「湿原」だったというのだ。

旧石器時代の遺跡や縄文時代の遺跡、貝塚が16号線エリアの小流域地形から多数見つかっている事実は、湿地帯や干潟が古代の人々の生活に必須《ひっす》だったことを物語っており、スコットの考察と符合する。

現代人の眼で眺めると、小流域の地形は凸凹が多く、平地が少なく、谷筋はジメジメしていて暮らしにくいことこのうえないように思える。農業にしても、大きな河川から水路を引いてトラクターで水田や畑をつくったほうが効率的である。住むにしても真っ平らな平野のほうが暮らしやすい。

実は、近代的な土木技術や水利のノウハウが浸透するまで、巨大河川やその周辺の大型平野はむしろ暮らしにくい場所だった。堤防などをつくって、流路をコントロールしないと、巨大河川は豪雨や台風のたびに増水して洪水を起こしたり流れを変えたりする。海辺近くの低地では、高潮や津波の心配もある。平野というのはもともと河川の氾濫でできた氾濫原だから、水害に遭いやすいのも道理なのだ。

日本最大の流域面積を誇り、関東平野をつくった利根川水系も、中世までは、治水の難しいことで有名だった。近世以降、大量の人員を動員した土木工事で巨大河川の治水が進んだが、現代においても、水害は人間の知恵と力をしばしば上回る。

2011年の東日本大震災の津波や2018年夏の中国・四国地方の水害を思い出してほしい。2020年の令和2年7月豪雨は、熊本県をはじめとする九州広域に加え、中国地方、中部地方に多大なる水害をもたらし、九州の球磨《くま》川・川辺川流域では水害により多くの人々が溺死《できし》した。前年10月の台風19号は、16号線が通る首都圏の低地に大災害をもたらしている。16号線エリアの埼玉県川越市でも市内を流れる荒川支流の越辺《おっぺ》川が氾濫し、付近の老人ホームが被災するなどの被害があった。

治水土木技術に乏しい古代から中世にかけては、大きな川や海の近くに住むのはリスクが高すぎた。ただし、海や川は船を使った移動には便利だし、漁もできる。人々にとって最善の選択は、大きな水辺につながる小流域に居を構え続けることだった。「小流域」地形は人々にとって理想的な「一等地」であり続けた。関東地方にやってきた旧石器時代の人類は、そんな不動産条件を備えた場所を探し求め、暮らすようになった。とはいっても、そんな地理的条件が備わった場所は限られている。16号線エリアに遺跡が多いのは偶然ではない。小流域地形がいくつも並ぶこの地域は、地理的な条件を鑑みても、人々が暮らす上で好都合だったからなのだ。

このため16号線エリアでは、しばしば異なる時代の遺跡が同じ場所からミルフィーユのように重なって出土する。古城の跡地を掘り返したら、古墳の痕跡が見つかり、弥生式土器が発見され、縄文時代の貝塚が眠っていた、といったことも起こる。先に挙げた埼玉県上尾市の諏訪坂貝塚でも、縄文時代の貝塚のみならず、旧石器、平安時代、江戸時代の遺構が同じエリアから見つかっている。

16号線エリアから外れるが、東京都心では現代の高級住宅街と古代の住まいが同じ場所であるケースが多い。

東京都大田区の多摩川に面した河岸段丘にある田園調布の周辺では、縄文時代の貝塚、弥生時代の住居跡、そして前方後円墳を筆頭に多数の古墳が見つかっている。多摩川沿いの崖線《がいせん》の上にある成城（世田谷区）にも遺跡がある。こちらからは、縄文時代の住居と土器、古墳時代、そして平安時代の土師器《はじき》（杯《つき》）が住宅開発の折に発見されている。

JR山手線の新駅・高輪《たかなわ》ゲートウェイから徒歩で数分。港区高輪から三田にかけての東京湾に面した高台は、江戸時代には大名の下屋敷があり、明治以降も都心屈指の高級住宅街である。明仁上皇と美智子上皇后の仙洞《せんとう》仮御所となった旧・高松宮邸、現高輪皇族邸も、この一角にある。かつては熊本藩細川家の下《しも》屋敷のあった地だ。遺跡や貝塚がたくさん見つかる地域でもある。高輪の伊皿子《いさらご》坂近くでは、約4000年前の縄文時代の伊皿子貝塚や弥生時代の方形周溝墓《ほうけいしゅうこうぼ》、古墳時代の住居跡が発見されている。

港区ではこの他にも白金や麻布の台地の縁で貝塚や縄文遺跡がいくつも見つかっている。渋谷区には、目黒川と渋谷川に挟まれた古い台地があり、小さな河川が刻んだ谷が多い。渋谷近辺の谷地形や、代々木上原から代々木八幡にかけての起伏のある地形、目黒川に面した代官山から恵比寿南の台地の縁には、旧石器、縄文、弥生、古墳時代の遺跡がある。

いずれの高級住宅街も「山と谷と湿原と水辺」がセットの「小流域」地形の上にある。高台の縁に谷戸《やと》があって、川が流れ出し、さらに大きな川や海に注ぐ。現代人も旧石器人も縄文人も弥生人も古墳時代の人も中世の人も、ずっと同じような場所を好んで暮らし続けてきたのだ。

「小流域」地形は、中世の武士たちにとって軍事拠点にふさわしい場所でもあった。城を築き、馬を育て、港を開くのに最適だからである。台地や丘陵のてっぺんは、周囲から敵が来るのを迎え撃つのに有利だ。自動車も飛行機もなく、道路も整備されていない時代、馬と船こそがロジスティクス＝兵站《へいたん》の生命線となる。となれば大きな川や海が台地の近くにあることが重要だ。

『地形と立地から読み解く「戦国の城」』（萩原《はぎわら》さちこ、マイナビ出版、2018）では、「城づくりの基盤は『自然の利点を最大限に生かすこと』」と指摘している。中でも「河川と城は切っても切れない密接な関係にある。山城でも平山城でも丘城でも、セットで共存する共同体といってよい。河川は城を守る天然の水堀になり、城内への物資搬入や河川交通の掌握にも必要だからだ」。

16号線エリアの高台や台地の縁、丘陵地帯にはいくつもの城が築かれた。関東地方に、鎌倉幕府、江戸幕府という武家政権が成立した背景には、武士集団が力を持ち、発達するために欠かせない地形があったのだ。しつこいようだが、その地形とは、旧石器時代以来ひとびとが暮らし続けた「小流域」地形に他ならない。

船と馬と飛行機の基地となる

ただ、「山と谷と湿原と水辺」がセットとなった「小流域」地形自体は、16号線エリアの専売特許でもなんでもない。平野が少なく山が海に迫っている日本列島において、小流域地形は珍しくないのだ。全国の小流域地形からは16号線エリアと同様、たくさんの遺跡が見つかる。

「小流域が日本の文明や文化のかたちを創《つく》った」のは前提として、そのうえで「16号線が日本の文明と文化を規定した」という仮説を成立させるには、16号線エリアにしか存在しない別のユニークな要素が必要となる。

そこで今度は16号線エリアをもう少し俯瞰《ふかん》して、できれば立体地図で眺めてみる。するとこのエリアには、日本の他の地域にはないユニークな特徴が2つあることに気づくはずだ。

1つは、三浦半島と房総半島という2つの半島の存在である。そしてもう1つは、首都圏をぐるりと取り囲んで広がる複数の台地の存在だ。

半島が海と、台地が陸および空とつながった。結果、16号線エリアには古代から現代に到るまで、常に新しい文化と文明が流入し続けた。これが16号線エリアと他の地域との大きな違いである。

「半島」の話からしよう。

神奈川の三浦半島と千葉の房総半島は、太平洋に向かってぐいっと伸び、南から流れてきた黒潮がそこにぶつかる。すると必然的に、南方より船に乗ってきた人々がこの半島に流れ着く。

航海技術の発達とともに、三浦半島や房総半島のエリアは、遠方の伊豆半島、さらに遠方の紀伊《きい》半島とも交易が可能になった。もともと古くから伊豆諸島とも船の行き来があったことが知られている。渡来人が船でやってきたこともあったはずだ。

中世から近世にかけては、三浦半島と房総半島を軍事拠点とする海のプロたちが現れた。武士のなかでは三浦半島を拠点とした三浦氏がその筆頭だろう。また商人たちが商いの港として活用し、当然だが漁業基地ともなった。紀伊半島から房総半島に醬《しょう》油《ゆ》醸造の技術が伝搬し、銚子《ちょうし》と16号線エリアの街、千葉・野田で一大産業に成長したのはよく知られている。

江戸時代末期には、アメリカ合衆国からペリーの黒船が三浦半島沖に来航した。幕末から明治維新にかけて、三浦半島の付け根の横須賀には軍港が、奥の横浜には貿易港が築かれた。横浜港は生糸などの輸出基地となり、外貨を稼ぐ拠点となった。横浜には外国の公使館と商売人たちが結集し、「西洋」が明治の日本に伝播《でんぱ》していった。

次に「台地」だ。

16号線エリアには、三浦半島の台地、下末吉《しもすえよし》台地、相模原台地、武蔵野台地、大宮台地、下総台地があって、東京湾をぐるりと取り囲んでいる。これほどたくさんの台地が集約されている地域は日本では他にない。巨大河川をコントロールする土木技術がなかった時代、これらの台地は人々が水害に怯《おび》えずに暮らすのにうってつけの土地だった。旧石器時代からのたくさんの遺跡の存在が、それを物語っている。

中世において、台地の多い16号線エリアの地形は、武士階級の台頭を促した。土地が平たく、火山灰が積もって水はけのよい台地は、馬や牛を育てるのに適していたからである。馬や牛のための放牧地である「牧《まき》」が各地に設けられ、馬を操る集団から武士団が生まれた。関東武士団の誕生は、数多くの台地が存在する16号線エリアの地形と大きく関係している。

地図②（82頁）に示したように、多数の古城が存在するのも、このエリアが馬を育て、武士を誕生させる地理的な条件を備えていたからだ。鎌倉時代以降、武士の時代が関東を中心に訪れ、江戸に幕府が開かれるようになった裏には、16号線エリアの「台地」地形の存在がある。

近代になると、16号線エリアの台地は、世界とダイレクトにつながった。真っ平らで地盤のしっかりした台地は、飛行場をつくるのに最適だったのだ。

現在の巨大都市の飛行場は海岸沿いの埋立地に多く作られている。羽田空港然《しか》り、関西国際空港然り、名古屋の中部国際空港セントレア然り、神戸空港然り、である。けれども、こうした埋立地は造成のコストがかかるうえに水害リスクがある。２０１８年秋には台風被害で関西空港が陸の孤島となった。本来、飛行場に向いているのは、水害の心配なく造成の手間もコストもかからない天然の台地である。

日本最初の飛行場は、１９１１年に16号線エリアの埼玉県所沢市内の武蔵野台地に作られた所沢陸軍飛行場だ。その後、同エリアの台地には、たくさんの軍用飛行場が設けられた。第二次世界大戦後に進駐軍＝ＧＨＱがやってきて米軍に接収されたのち、一部は返還されて自衛隊の基地となったり、民間転用されたりしたが、その多くはいまも米軍が使用している。

相模原台地には厚木海軍飛行場ができ、戦後は海上自衛隊と米海軍が共同利用する基地になっている。武蔵野台地の東京都福生市（瑞穂町などを含む）には、多摩陸軍飛行場ができ、現在は在日米軍司令部を含む米空軍の横田基地となっている。立川市には立川陸軍飛行場が作られ、戦後米軍の空軍基地となったあと、防衛省管轄《かんかつ》下の軍用飛行場となっている。埼玉県狭山市・入間市の豊岡陸軍飛行場は、米軍に接収されジョンソン基地となったのち、今は航空自衛隊の入間基地である。

千葉県の下総台地にも複数の軍用飛行場があった。柏の葉キャンパスのある場所は、戦前は柏陸軍飛行場で、戦後はいったん米軍の通信基地とされていた。海上自衛隊の下総航空基地は戦中に藤ヶ谷陸軍飛行場として開設され、戦後は米陸軍の白井基地となったのち返還された。さらに下ると、陸上自衛隊の習志野駐屯地と習志野演習場、航空自衛隊の習志野分屯基地が隣接しており、パラシュート部隊の訓練が行われている。

三浦半島の長井の台地には1940年代前半に海軍の第二横須賀航空基地、通称、長井飛行場がつくられた。戦後は米軍住宅となり、現在は「ソレイユの丘」という農業体験型公園になっている。

16号線エリアが内包するユニークな地理的条件は、「小流域」地形がつらなっているだけではなかった。2つの半島といくつもの台地の存在、そして東京湾という巨大な内海と旧・利根川や荒川、多摩川という大型河川が備わっていたことが、他の地域との決定的な差異となっている。

　2つの半島からは、海を介して遠く離れた地域や異国の文化が流入し続けた。半島に形成されたリアス式海岸が、日本が近代国家の仲間入りをするうえで欠かせなかった国際貿易港と軍港を明治政府に提供してくれた。

　台地地形は、たくさんの古代人の暮らしの場所となり、馬を育て、武士団を生んだ。鎌倉幕府が成立したのも、数多くの戦国武将が関東で活躍したのも、最後にして最大の武家政権である江戸幕府が設けられたのも、16号線エリアの台地地形と密接にかかわっている。近代になってからはかつて馬を育てた台地が飛行場となり、戦前は日本の富国強兵の柱に、戦後は在日米軍の拠点となることで、日本の政治、経済、文化に影響をもたらし続けた。

　そして東京湾と大型河川は古代から近代に至るまで、16号線エリアの食料供給地であり、物流インフラであった。

　日本の文明の特徴のひとつに「和魂洋才《わこんようさい》」がある。外からやってきた文化を次々と取り込み、オリジナルの文化に変質させる。2つの半島が海と、いくつもの台地が陸と空とをつなげる16号線エリアの「地形」は、旧石器時代から現代に至るまで「和魂洋才」の日本文明が開花し続ける場であったのだ。

貿易港の横浜が「スパゲティナポリタン」を筆頭とする「洋食」の、軍港の横須賀が「カレーライス」の、米軍飛行場の福生が「ピザ」の発展の地となったのも、16号線エリアの半島と台地がもたらした「和魂洋才」文化の典型といえるかもしれない。

16号線沿いに「小流域のつらなり」「たくさんの台地」「黒潮に突き出た2つの半島」という3つの地理的な条件が揃っていなかったら、東京は日本の中心にならなかった。日本の文明のかたちも文化の様相も変わっていただろう。

地形の話の最後に、16号線エリアのユニークな地形が生まれた理由を付記しておきたい。

答えははっきりしている。それはここが世界で一番たくさんのプレートがぶつかる地質学上唯一無二の場所だからである。

東京湾という巨大な内海に、巨大な関東平野から大きな川が流れ込み、数々の台地が取り囲み、丘陵地が2つの半島となって太平洋に突き出ている。そして、台地と丘陵の縁に、無数の「山と谷と湿原と水辺」がセットになった小流域が並び、川や海とつながっている。この複雑にしてユニークな地形は、地面の下のプレート活動がもたらした。16号線をつくったのは、プレートなのである。

プレートテクトニクスと氷期が地形の創造主

地球の表面は複数の「プレート」という岩盤で覆われており、このプレートが動くことで、大陸や島の形などの地形がダイナミックに変化する。これが「プレートテクトニクス理論」だ。

海の上に島がえんえんと並ぶ日本列島のような「弧状列島」は、プレートの下に別のプレートが潜り込んで形成される。インドネシアの島々が並ぶスンダ列島やフィリピン諸島も同じ理屈でできたといわれている。

『日本列島の下では何が起きているのか』（中島淳一、講談社ブルーバックス、2018）を参考に、日本と国道16号線の地形がどうやってできたのか追いかけてみることにしよう。

16号線エリアのある関東地方の地形がどうやってできたのか。本州の形を思い浮かべてほしい。関東地方南部を屈曲点として、逆「く」の字に折れ曲がっている。なぜこんな奇妙な形になったのかというと4つのプレートが関東の沖でぶつかっているからだ。

日本列島は、小さな島々が別々の4つのプレートに乗っている。
①樺太から北海道、関東を含む東北日本が乗っている「オホーツクプレート」（かつては北アメリカプレートに含まれていた）
②伊豆半島より西側、四国と九州を含む西南日本が乗っている「アムールプレート」（かつてはユーラシアプレートに含まれていた）
③伊豆半島、伊豆諸島、小笠原諸島までの火山地帯を含む「フィリピン海プレート」
④東北日本の太平洋岸からアリューシャン列島の太平洋岸に迫る「太平洋プレート」
太平洋から北上してきた「フィリピン海プレート」が、伊豆を境に関東から北の地域が乗った「オホーツクプレート」と、伊豆を境に中部から西の地域が乗った「アムールプレート」の下に潜り込んでいる。さらに「太平洋プレート」が、太平洋の東側から「オホーツクプレート」と「フィリピン海プレート」の下に潜り込む。

かくして、本州が逆「く」の字に折れ曲がっている屈曲点近辺の房総半島の沖合には、3つのプレート「オホーツクプレート」「フィリピン海プレート」「太平洋プレート」が接する三重会合点ができた。太平洋プレートとオホーツクプレートの間に形成された「日本海溝」、太平洋プレートとフィリピン海プレートの間に形成された「伊豆・小笠原海溝」、そしてアムールプレートとフィリピン海プレートの間に形成された「相模トラフ」が1点で接している。

こうした三重会合点は「世界でたったひとつのきわめて特殊な場所」(同書)なのだという。

その結果、16号線エリアのある関東地方は世界でも他に類を見ない複雑な地形を形成するようになったわけだ。

伊豆の原型である島が約100万年前に本州にぶつかり、約50万年前に半島となった。相模湾の海底は隆起して標高1000メートルを超える丹沢山地になった。伊豆半島ができた本州の箱根では、約40万年前から火山活動が始まり、巨大な火口と内部に芦ノ湖というカルデラ湖を有する現在の箱根の地形ができた。

さらに伊豆半島が成立した時期と相前後して、巨大火山の富士山が生まれた。富士山の噴火で吐き出された火山灰は16号線エリアの台地に注いで関東ローム層を形成した。

フィリピン海プレートがオホーツクプレートの下に沈み込むことで三浦半島と房総半島が隆起し、高尾山までつらなる多摩丘陵が生まれた。

海から迫《せ》り上がった三浦半島の地形はのちにリアス式海岸を形成した。一方、関東山地に囲まれた低地は「関東造盆地運動」によって地盤沈下し、広く低く平らな関東平野が生まれた。

こうしたプレートテクトニクスによる地面の動きに加え、気候変動による海面の上昇と低下、河川の運動によって、現在の16号線エリアの地形が形成されていく。

約20万〜13万年前までのリス氷期は現在よりも100メートルも海面が低いため、関東全域はもちろん東京湾や相模湾なども陸地だった。このリス氷期が終わり、エーミアン間氷期に入ると、地球は温暖化して氷河が一気に溶け、海面は100メートル以上上昇し、現在より10メートルも高くなった。この海進を「下末吉海進」と呼ぶ。このときに16号線エリアの台地のひとつ、下末吉台地が海に沈んだ場所でできたからだ。

今度は、関東一円がほとんど海中に没した。関東南部で陸地が残ったのはプレートに押されてできた高尾から三浦半島にかけて伸びる多摩丘陵までで、三浦半島と房総半島の一部、銚子の先端部が、細い半島や島となって海上に浮かんでいた。

13万年前から11万5000年前まで続いた温暖なエーミアン間氷期が終わると、地球の気温は下がっていった。7万年前から1万5000年前まで続く最終氷期になると、海面は再び100メートル前後下がった。東京湾は深い渓谷となり、関東と首都圏の川が合流してできた古東京川が流れた。河口は三浦半島と房総半島に挟まれた浦賀水道のあたりだ。

海に没していた首都圏の低地は関東平野から東京湾から相模湾まですべて陸地となった。海底に没していた下末吉が陸地になり、隆起して、下末吉台地が形成された。氷河の形成による海面低下とプレートの運動により、海に没していた低地は陸地になり、そこを流れる河川が上流から土砂を運び、扇状地を形成し、河川がさらに真ん中を深く削り、河岸段丘が次々とできた。そこに富士山や箱根山などの噴火がもたらした火山灰が積もって関東ローム層を形成し、標高15～70メートルの台地群、現在の三浦半島の台地、相模原台地、武蔵野台地、大宮台地、下総台地などが誕生した。台地や丘陵地の縁には谷がいくつもでき、小流域が形成された。これが旧石器時代に人類が16号線エリアにやってきたときの地形である。

1万5000年前に最終氷期が終わると、地球は間氷期に入り、気温が2～3度上昇して縄文海進が起こり、縄文時代のピークとなる6500～6000年ほど前には現在よりも3～5メートルほど海面が上昇した。東京湾や相模湾はこのときできあがり、その後徐々に気温が下がるとともに海面も下がり、2000年前にはいまと同じ海面の高さになったといわれている。

ミヤマクワガタとチバニアン

複数のプレートがぶつかりあい、重なり合うことで、複雑な地形が形成され、さらに氷期と間氷期の海面の低下と上昇により台地や谷がつくられることで、16号線エリアは、きわめて稀《まれ》な地理的な条件を有する地域になった。

その証左として、生き物のユニークな分布が挙げられる。

冬でも暖かい三浦半島と房総半島では、海沿いの林にミヤマクワガタが生息している。金色の毛が美しく鹿《しか》の角のような大顎《おおあご》が見事な、子供にも大人にも人気のある昆虫である。通常はその名のとおり「ミヤマ（深山）」に暮らす、クワガタの仲間では珍しい北方種だ。東京近郊だと奥多摩までいかないと見つけにくい。標高100メートル前後の町田市あたりではあまりお目にかかれない。

なのに、温暖でかつ海の近くの三浦半島と房総半島には分布している。似たような分布をしている生き物は他にもいて、たとえばトウキョウサンショウウオは、神奈川では三浦半島のみに飛地状に生息し、房総半島にも生息している。

解剖学者で昆虫研究家の養老孟司に訊《き》いた。養老は神奈川の昆虫を詳しく調べており、鎌倉でミヤマクワガタを捕まえたこともある。

「20万~13万年前のリス氷期の時代は関東全体がいまよりはるかに涼しかったから、南関東全域にミヤマクワガタが暮らせたはず。その後のエーミアン間氷期になると、気温が上がって海面が上昇し関東のほとんどの地域が海中に没した。でも、房総半島と三浦半島の一部は十分な標高があったので、海に没しなかった。いま三浦半島や房総半島に暮らしているミヤマクワガタは、12万年前に三浦半島と房総半島の一部に取り残されて生き残った集団の子孫なのかもしれないね」

昆虫の分布一つで、過去20万年の首都圏の地形の変化を想像できるとしたら、興味深い。

２０２０年1月17日には、16号線エリアの地形のユニークさが世界に証明された。千葉県市原市の地層「千葉セクション」が中期更新世と前期更新世の境界を示す地層として認められ、77万４０００~12万９０００年前（中期更新世）の地質時代が正式に「チバニアン（千葉時代）」と命名されたのだ。地球の歴史は地質時代の観点から１１７に区分されているが、日本の地名がついたのは初めてである（市原市ホームページより）。

この地層の発見もこのエリアの複雑なプレートの活動と関係がある。海底で形成された地層が、プレートの活動で隆起して現在の房総半島となり、房総丘陵となった。

その丘陵地を雨水が削り、養老川という川になり、川の侵食活動により、海底に沈んでいた2つの地層の分かれ目を陸上で観察できるようになった。結果、同地で時代区分ができ、その場所を記念して「チバニアン」と命名されるに至ったわけである。

まとめよう。

16号線エリアの地形は、プレートの移動と衝突、海面の上昇と低下、火山の爆発と火山灰とでできあがった。小流域がつらなり、台地が点在し、その間を大きな川が流れ、巨大な湾を形成し、リアス式の半島が太平洋に突き出す。以上の地理的な条件がここに揃っていなかったら、旧石器時代からの人々の営みはなく、馬を扱う武士たちの台頭もなく、鎌倉幕府も、江戸幕府もなく、貿易港横浜や軍港横須賀もなく、日本軍の航空基地もなく、結果、米軍基地もなかった。私たちの愛する音楽も映画もなく、いや、東京そのものさえ存在しなかったかもしれない。日本の文明のかたちも文化や経済のかたちも、全く別のものになっていたはずだ。

16号線エリアの地形が日本の文明と文化を規定した――この理屈をご納得いただけただろうか。

第3章では時計の針を一気に現代に進めよう。

旧石器時代から人の営みがあった16号線エリアは、現代において新たな文化のゆりかごの機能を果たしてきた。その文化とは「音楽」だ。

第3章　戦後日本音楽のゆりかご

　戦後の日本音楽にとって極めて重要な役割を果たしてきたのも国道16号線だ。この道沿いでは多くの新しい音楽が生まれ、才能豊かなミュージシャンが育ち、現代日本の芸能界が形成されてきた。たくさんの歌がこの道を取り上げ、今も歌われ続けている。

　第二次世界大戦後、日本のジャズを作った人々、芸能プロダクションの創業者、歌謡界のトップ歌手、グループサウンズのアイドルが、16号線エリアから音楽人生を歩み始めた。

　1970年代以降に登場したニューミュージックやジャパニーズロックの開拓者、

トップアイドルも、この道で育った。オフコースの小田和正《かずまさ》、ダウン・タウン・ブギウギ・バンドに歌詞を提供した阿木燿子《あきようこ》、横浜銀蝿《ぎんばえ》も、山口百恵《ももえ》も、近藤真彦《まさひこ》も、16号線エリア育ちだ。八王子にある中央大学で学んだ秋元康《やすし》、所沢出身の所ジョージ、厚木出身の小泉今日子も16号線文化圏で育ったといっていいかもしれない。

1980年代から90年代にかけては、ストリート・スライダーズ、クレイジーケンバンド、21世紀に入ってからも、氣志團《きしだん》、ゆず、ファンキー・モンキー・ベイビーズ、いきものがかり、星野源。次から次へとミュージシャンがこの道から巣立った。エイベックスの代表松浦勝人《まさと》も横浜の16号線エリア出身で、東京・町田で起業した。EXILEにも、三代目J・ソウル・ブラザーズにも、16号線エリア育ちのメンバーがいる。LDHを立ち上げたHIROは磯子育ちで16号線沿いの金沢高校出身だ。

日本の音楽と16号線には、一体どんな関係があるのか。この道がなぜ、そしてどのようにして「音楽発生装置」となったか、その謎《なぞ》に迫ってみる。

矢沢永吉とユーミン、ルート16を歌う

16号線から巣立った、日本を代表するミュージシャン2人にご登場願おう。1人が

矢沢永吉、もう1人が松任谷由実である。

矢沢永吉は、1980年のアルバム『KAVACH』の「レイニー・ウェイ」で16号線を歌い上げる。

雨に泣いてる　国道レイニー・ウェイ
つらい想《おも》いが　振り切れるまで
涙なのか　本牧ブルージー・ナイト
（中略）
横須賀こせば　しん底冷える
走り疲れて　心ちぎれて
行き止まりか　国道レイニー・ウェイ
（作詞　相沢行夫《ゆきお》、作曲　矢沢永吉、アルバム『KAVACH』1980より）

「レイニー・ウェイ」は、矢沢のコンサートでもっとも盛り上がる曲の1つだ。豪華なホーンセクションによるイントロ。マイクアクション。ファンならずとも興奮する。

歌詞に登場する本牧と横須賀、そして国道＝16号線は、矢沢が「成りあがる」直前にもがきあがいていた場所だ。自伝『成りあがり』（角川文庫、1980）に詳しく記されているように、1968年、広島の高校を卒業した矢沢は、ビートルズのようなロックのスーパースターになることを目指し、夜汽車に乗って単身東京に向かった。ところが、「東京に出る、東京に出ると思ってたオレが、汽車の中で『ヨコハマー、ヨコハマー』と聞いた途端に飛び降りた」（同書、写真は新装版）。

矢沢は、港町ヨコハマに、ビートルズを生んだリバプールと同じ匂《にお》いを感じた。ロックスターとしての自分の人生をここから始めようと決意した。しかも、横浜で途中下車した後、そのまま横須賀に向かう。米軍キャンプを探し出し、ゲートの金網の向こうの米兵に「キャン　ユー　スピーク　ジャパニーズ？」。もちろん、通じない。

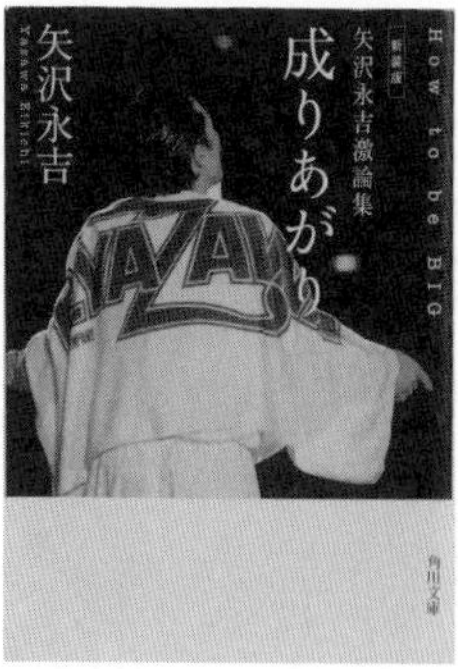

矢沢は呟《つぶや》く。

「アメリカに渡ろうと思ってたんだけどね……」

「ボーイ求む」の貼《は》り紙を見て応募し、あてがわれた住まいが、京浜急行の横浜・弘明寺《ぐみょうじ》駅近くの安アパート。ボーイや陸送の仕事で稼ぎながら矢沢はバンドを結成し、横須賀の怪しげなクラブや、米兵相手のバーなどで歌ううちに、力をつけて横浜・本牧の著名なライブスポット「ゴールデンカップ」で演奏できるようになった。そして1972年、矢沢は、ロックバンド「キャロル」のメンバーとしてデビューする。「永ちゃん」のキャリアは、16号線からスタートした。そして、下積み時代の思い出の詰まった「レイニー・ウェイ」を今も歌っている。

ユーミンは、矢沢永吉と同じ1972年にデビューした。当時はまだ松任谷正隆《まさたか》と結婚していないから荒井由実である（本書では、荒井由実も松任谷由実もこれ以降ユーミンと表記する）。ユーミンは、2006年発売のアルバム『A GIRL IN SUMMER』で16号線をタイトルに冠した「哀しみのルート16」を披露した。

涙に濡《ぬ》れたセンターライン
フィルムのように流れてゆくよ
長距離便のひくいクラクション
ふたり最後の航海の汽笛に

きこえてくる　Route16
心変わり責めないわ

（作詞・作曲　松任谷由実、アルバム『A GIRL IN SUMMER』２００６より）

ユーミンはこの歌について次のように解説する。

「思い浮かんだのは、国道を疾走する車。フロントグラスを叩《たた》きつける激しい雨、土砂降りの雨。昼間なのか、夜なのか、土砂降りの雨でわからない。時刻がわからない。それに前も、先も見えない。募る不安、焦燥感。今日限り、これっきり、という最後の別れのドライブ……。メロディの構成が次々に変わっていくあたり、特にBメロのコール＆レスポンス風な構成、土砂降りの雨の国道を走っているのに、海に続く道、海の匂いのする光景。これも書き終えて〝ヤッタ！〟な感覚でした。この曲、自分で相当、気に入ってます。気合が入りました」＊（「最新作『A GIRL IN SUMMER』を松任谷由実本人が全曲解説！」BARKS、２００６年5月24日）

矢沢永吉もユーミンも、この道で自らの音楽の種子を育んだ。矢沢は上京してから16号線沿いの横浜・横須賀で下積み時代を過ごし、ユーミンは16号線の街、八王子で生まれ育った。２人にとってただの近所の道路ではない。人生が練り込まれた道なのである。

ユーミンは16号線についてこうも語っている。

「ルート16、国道16号線というのは、横浜や横須賀と厚木、座間の基地を結ぶ米軍の物資を輸送する軍用道路でした。八王子の生まれで、基地も近かったし、私があの頃感じた独特のキッチュ感を、歌に織り込んで……」（同インタビューより）

軍とシルクと港が音楽を生む

矢沢やユーミンだけではない。これから記すように、数多くのミュージシャンが16号線から音楽を紡《つむ》いできた。なぜ、このルートが名曲を生んだのか、カギとなるのは3つの要素、①軍②シルク③港だ。

第1のカギは、ユーミンのインタビューにも登場する「軍」である。

16号線エリアには今も昔も軍事基地が連なる。ユーミンの話に登場する米軍基地は、第二次世界大戦が終わるまですべて日本の陸海軍の施設だった。戦後、進駐軍に接収され米軍基地になると、そこは結果として洋楽をはじめとする米国文化の発信地となり、進駐軍クラブや米軍キャンプで日本人ミュージシャンたちは日銭を稼ぎながら腕を磨いた。

軍と音楽の関係は、明治維新からあった。軍隊には「軍楽隊」がつきものだからでである。日本に軍所属の音楽隊、いわゆる軍楽隊がもたらされたのは、明治維新の翌年の1869年のことだ。各種学校のブラスバンドのご先祖さまといえよう。

「イギリス陸軍第十連隊軍楽長フェントンの指導の下、薩摩《さつま》藩の軍楽伝習が行われ、二年後の一八七一年には、陸軍軍楽隊と海軍軍楽隊が創設された。軍楽隊は、日本における西洋古典芸術音楽、すなわち洋楽導入の先駆者として位置づけられている」（『進駐軍クラブから歌謡曲へ』東谷護《とうやまもる》、みすず書房、2005）。

フェントンが演奏したのは横浜・中区の山手の丘にある妙香寺。外国人居留地として開かれた横浜港を望む場所だ。16号線は目と鼻の先である。軍楽隊では、金管楽器や木管楽器、打楽器を操る演奏家たちがたくさん育っていた。このため第二次世界大戦後、進駐軍や米軍のクラブで活躍したジャズミュージシャンの中には、戦前の軍楽隊で管楽器を扱っていた者が多かったという。

第2のカギは「シルク」である。

ユーミンのインタビューに「八王子の生まれで」という台詞《せりふ》がある。ユーミンの実家は1912年に八王子で創業した呉服屋、荒井呉服店だ。江戸末期から盛んになったシルク＝生糸・絹産業は、明治期に日本経済を支える巨大ビジネスに成長し、八王子は各地で生産された生糸が集まる「絹の都」として栄えた。八王子と横浜を結ぶのちの16号線ルートは「絹の道」とも呼ばれ、近代日本のシルクロードとなった。横浜港から生糸が大量輸出され、日本最大の外貨獲得手段になった。

八王子では、シルク加工品である着物や反物を扱う呉服屋もたくさん生まれた。ユーミンの実家もその1つだ。荒井呉服店の橋本常務が、ユーミンが歌を歌うようになったきっかけをこう振り返っている。

「日曜日によく米軍の将校さんが車3台くらい店の前に止めて来ていたんです。当時お店に生地を切る台があって、まだ幼稚園の由実ちゃんがその上にポンと乗ってね、『東京ブギウギ』を歌ったら彼らがお金をくれたんですよ。それで覚えて、お店を見ていて外人さんが来ると飛んでくるわけ（笑）。その時からステージに上がる喜びがあったんでしょうね」＊（『空間都市「八王子」シリーズ「顔」』より）。

シルクの申し子として生まれたユーミンは、米軍カルチャーに育てられて、音楽の翼を伸ばし、広げ、羽ばたいていった。

戦前から、軍事施設とシルク産業が同時に発達した八王子をはじめ16号線エリアの街は、賑《にぎ》わいを増していた。軍事拠点には、副産物として将校相手の料亭から兵隊の通う遊郭までが揃《そろ》った花街《かがい》が形成される。花街は常にその時代の流行の集積地、発信地である。芸者や遊女がいれば、着物や履物、飾り物のニーズも高まる。江戸時代の遊郭においてもそうで、たとえば吉原は浮世絵などのアートの発信地になった。もちろん音楽のニーズも大きい。

第3のカギは「港」だ。

16号線と直結した横浜は、江戸時代末期から外国人居留地となり、日本一の貿易港として発展した。横浜港には、海外から商品、サービス、風俗と、明治以降の日本に影響を及ぼすさまざまな舶来文化がもたらされ、日本中へと広まっていった。横浜港の文化的な影響力は戦後も長く続いていく。1960年代後半に、東京を目指したつもりの矢沢永吉が「ヨコハマ」で途中下車したのも、舶来文化の匂いを彼が嗅《か》いでしまったからだろう。

明治維新以降、16号線エリアの軍事施設周辺の街には、軍人という「お客さん」が到来し、シルク＝生糸・絹という「産業」が発展して、花街という「サービスの場」が設けられた。横浜港という「文化の入り口」から海外の文化が輸入され、軍楽隊という「ミュージシャン」が育っていった。

第二次世界大戦で日本が敗れ、連合国の進駐軍が上陸し、旧日本軍の軍事拠点の大半が米軍基地・施設となった。進駐軍相手に日本のミュージシャンが音楽を演奏する市場が生まれ、基地経由で最新の音楽や映画や食事やファッションや風俗が輸入されるようになった。

第1世代 ジャズもカントリーも進駐軍クラブに育てられた

1945年8月30日、厚木海軍飛行場にダグラス・マッカーサー連合軍総司令官が到着した。すぐに車で現在の16号線にあたる道路を南下し、横浜港に面したホテルニューグランドに入館し、3日滞在した。連合国による日本統治の始まりである。日本の戦後音楽もここから始まった。

ホテルニューグランドをはじめとする一流ホテルや公的施設、旧日本陸海軍の基地や施設はことごとく進駐軍及び米軍に接収された。横須賀の海軍基地、横浜、厚木、立川、福生＝横田、入間、柏と、16号線エリアの陸海軍の航空基地は全て《すべ》米軍指揮下におかれた。こうして接収された軍施設の横に誕生したのが、駐留軍人が音楽や芸能を楽しむための進駐軍クラブである。横浜開港150周年記念事業として開設された「みんなでつくる横濱写真アルバム」には市民から集められた終戦直後の進駐軍クラブの様子が記録されている＊。

1946年に横浜・山下町にできたゼブラクラブ。本牧にはシーサイドクラブ。新山下にはオフィサーズクラブ。伊勢佐木町には黒人専用のクラブ45。山下町には黒人専用のキャバレーであるニューヨーカー。相生町《あいおい》にはクロスロード。横浜スタジアム近くにはゴールデンドラゴン。横浜のダウンタウンには、階級別のクラブがいくつも誕生した。横須賀にも福生の横田基地にも入間のジョンソン基地の近辺にも、同様のクラブが設置された。往時、全国には５００前後の進駐軍クラブがあったという。

そこで誰が音楽を演奏するか。米国から高い金を払ってミュージシャンを呼ぶわけにはいかないから、進駐軍クラブには、日本人のミュージシャンや歌手、あるいはこれからミュージシャンになろうとする者がなだれこんだ。

進駐軍クラブでまずリクエストがあった音楽はジャズである。日本にはすでに多数のジャズミュージシャンがいた。明治末期から戦前にかけてジャズは流行音楽、ダンスミュージックとして日本独自の発展を遂げていた。シーンを牽引《けんいん》した一人はティーブ・釜萢《かまやつ》。戦後、日本のポップミュージック界のリーダーとなるかまやつひろしの父である。横浜・鶴見の花月園にはダンスホール、16号線近くの横浜・野毛にはジャズ喫茶「ちぐさ」があった。さらに、旧日本軍の軍楽隊の中には復員後にジャズを始める者も多かったという。

次にハワイアンだ。戦前の日本では、ハワイ移民とのつながりからハワイアンが流《は》行《や》っていた。このためすでに数多くのハワイアン・ミュージシャンが国内に育っていた。彼らは進駐軍クラブで引っ張りだことなった。

一方、米軍基地では、基地内の小売店PXで本国から直輸入されたレコードが販売された。1945年9月の占領時から始まった米軍直営のラジオ局からは、常にアメリカやイギリスの流行音楽が流れてきた。ジャズ、ハワイアン、カントリー、50年代に入るとロカビリー、そしてロックンロール。ラジオから流れる英語の音楽番組を、ミュージシャンたちやその卵は自分たちの演奏のお手本や元ネタとして、一般の人々は新しい娯楽として聴くようになった。

1952年4月に進駐軍が解体され、在日米軍にバトンが渡されると、軍のクラブからは名だたるミュージシャンが芸能の表舞台へ羽ばたいていった。

日本の戦後ジャズシーンを作ることになる人たちの大半は、進駐軍クラブや米軍クラブ、米軍キャンプでの演奏を経験している。北村英治、ナンシー梅木、石井好子《よしこ》、渡辺弘《ひろし》とスターダスターズ、スマイリー小原、笈田敏夫《おいだとしお》、森山久、ジョージ川口、世《せ》良譲《らゆずる》、宮沢昭《あきら》、原信夫《のぶお》、守安祥太郎《もりやすしょうたろう》、渡辺貞夫《さだお》、澤田駿吾《さわだしゅんご》、松本英彦《ひでひこ》、穐吉敏子《あきよしとしこ》……。

テレビ時代に大スターになるのちのコミックグループも、軍のクラブ育ちである。俳優のフランキー堺《さかい》が結成したシティ・スリッカーズには、当初植木等や谷啓が在籍していた。その後彼らはハナ肇《はじめ》とキューバン・キャッツのメンバーと混ざり、ハナ肇とクレージーキャッツが誕生する。後輩筋にあたるザ・ドリフターズも、リーダーのいかりや長介《ちょうすけ》をはじめ、クラブでの演奏経験があった。

そのドリフターズは1966年に初来日して武道館でコンサートを行ったザ・ビートルズの前座を務めた。ザ・ビートルズを日本に招聘《しょうへい》したのが永島達司《たつじ》だ。のちのキョードー東京を設立した、戦後日本最初の、そして最も有名な海外アーティスト・プロモーターである。『ビートルズを呼んだ男』（野地秩嘉《つねよし》、小学館文庫、2017）は永島が軍のクラブを足がかりに、日本で海外の著名ミュージシャンが演奏する文化を創《つく》り上げたプロセスを詳細に記している。

永島は1926年、16号線にほど近い横浜・保土ケ谷に生まれた。三菱《みつびし》銀行の重役だった父の仕事の関係で幼少期にイギリスとアメリカに住み、10代で「完璧《かんぺき》なキングズイングリッシュ」を使いこなしていたという。

終戦後、英語力を見込まれた永島は、早稲田大学の現役学生でありながら16号線エリアの埼玉・入間にあるジョンソン基地の将校クラブでフロアマネージャーとなった。53年には各地の米軍クラブにミュージシャンをブッキングする会社を立ち上げ、57年にキョードー東京（当時は協同企画）を設立、海外ミュージシャンの招聘ビジネスを展開した。

ビートルズをはじめ、マイケル・ジャクソンもスティーヴィー・ワンダーもレッド・ツェッペリンも永島が呼び寄せた。いわゆる「呼び屋」ビジネスも16号線エリアで生まれたのだ。

ジャズ、ハワイアンに加えて、米兵たちからのリクエストが多かったのが、カントリー&ウェスタンだ。ジミー時田とマウンテン・プレイボーイズ、小坂一也《こさかかずや》とワゴン・マスターズが筆頭に挙げられる。いかりや長介も寺内タケシもマウンテン・プレイボーイズに参加していた。かまやつひろしもミッキー・カーチスも当初はカントリーをやっていた。

「ぼくらの世代のミュージシャンは、ほとんどといっていいくらい、一度は進駐軍のクラブで演奏したはずだ」

自伝『ムッシュ!』（日経BP社、2002）の中でそう語るかまやつは、1950年代前半の高校時代から「横田、立川、厚木、横須賀、いろいろな基地を回った」と記している。そこは「当然ながら、キャンプの中はまさに憧《あこが》れのアメリカそのものだった」。当時、音楽に没頭した日本の若者は、米軍基地の向こうのアメリカの音楽に恋をしていたのである。

ミッキー・カーチスも和光学園の高校生時代からカントリーミュージシャンとして米軍キャンプ回りを始めていた。

「進駐軍として日本に来ている米軍兵士のほとんどは、ウエストコーストの出身者で、彼らの好みがそうだったからだ」（『おれと戦争と音楽と』亜紀書房、2012）。

立川、府中、調布、横田、横須賀、朝霞《あさか》、江古田、横浜を回り、北海道や青森の三沢基地でも歌ったという。

戦後の歌謡曲の世界で時代を牽引した女性歌手たちにも16号線育ちは多い。

横浜・磯子生まれの美空ひばりは今の16号線沿いの杉田劇場でデビューした。有名な「ひばり御殿」も16号線を眼下に望む磯子の山の上にあった。

青江三奈は、16号線エリアの歓楽街を歌った「伊勢佐木町ブルース」で1968年にミリオンセラーを記録した。もともと横浜のナイトクラブ回りの歌手だった。

ペギー葉山、弘田三枝子《ひろたみえこ》、江利チエミ、雪村いづみ、松尾和子《かずこ》。彼女たちも軍のクラブで初期のキャリアを磨いた。1947年生まれの伊東《いとう》ゆかりは、「小学校に上がる前から米軍キャンプで歌っていたんです」と語る（『シリーズ20世紀の記憶　1961〜1967』毎日新聞社、2001）。進駐軍クラブや米軍キャンプでは、時には幼稚園児や小学生まで歌っていたのだ。「本国に妻子を残して日本に駐留してるからかな、米軍キャンプでは子供のバンドや歌い手に人気があったんです」（同書）。

男性ミュージシャンでは、平尾昌晃《まさあき》、水原弘《ひろし》、井上ひろし、山下敬二郎、フランク永井、寺本圭一《けいいち》、ザ・キングトーンズ。日本のジャズも、ムード歌謡も、ロカビリーも、グループサウンズも、ロックンロールも、ドゥワップも、進駐軍クラブや米兵相手のキャバレーなどを経て、誕生し、変容し、進化し、発展したのだ。

16号線から創業した芸能プロダクション

さらに注目すべきは、日本を代表する芸能プロダクションの多くが、16号線エリアの進駐軍クラブや米軍キャンプを経由して誕生した事実である。

渡辺プロダクションを設立した渡辺晋《しん》と渡辺美佐《みさ》。ホリプロを設立した堀威夫《たけお》。田辺エージェンシーを設立した田邊昭知《たなべしょうち》。サンミュージックの相澤秀禎《あいざわひでよし》。いずれも戦後すぐにバンドを結成し、進駐軍クラブで演奏し、ミュージシャンのブッキングや派遣の仕事のコツを覚え、テレビの時代の到来と呼応して芸能プロダクションという業態を確立した。

１９２７年生まれの渡辺晋は父親が日本銀行勤務で、戦中、早稲田大学に進学していた。父親が戦後失職し困窮状態に陥ったとき、渡辺は仲間とバンドをつくって糊口《ここう》をしのぐことを思いつく。51年、ジャズバンド「渡辺晋とシックス・ジョーズ」を結成、ベースを担当する。サックスには松本英彦、ドラムには南廣《ひろし》、ピアノには中村八大《はちだい》という未来のオールスターメンバーだ。そのマネジメントを担《にな》っていたのが妻となる美佐で、2人は55年に渡辺プロダクションを設立した。

1932年横浜生まれの堀威夫は、戦後すぐ中学生時代からギターを手にして、高校時代にはハワイアンバンドを組み、小遣い稼ぎをしていた。明治大学入学後、のちに和製プレスリーとして一世を風靡《ふうび》した小坂一也らと52年にカントリー&ウェスタンバンド、ワゴン・マスターズに加入、進駐軍クラブを中心に演奏活動を行う。

「ちょうど朝鮮戦争の時だったんで、朝鮮半島の最前線で戦っている兵士が、休暇を過ごしに日本に来るわけです。朝鮮戦争では、日本は物資の供給地であり、兵士の休暇場所だったんです。だから兵士を楽しませに、よく米軍キャンプでライブをしました。兵士は、普段は戦地にいるわけだから、給料は使えない。また戦争手当っていう危険手当も上積みされて、お金はたっぷり持ってた」＊（「ベンチャー通信8号　2003年7月号」より抜粋）

大学卒業後は、スウィング・ウエストを結成して活動した後、1960年、堀は現在のホリプロの前身となる堀プロダクションを設立、ザ・スパイダース、ザ・ヴィレッジ・シンガーズ、オックスなどグループサウンズを手がけ、70年代に入ると山口百恵や森昌子《もりまさこ》、石川さゆりらをデビューさせて、渡辺プロに次ぐ大手芸能プロダクションに成長させた。

タモリなどが所属する田辺エージェンシーを設立した田邊昭知は、1938年生まれ。早くから軍のクラブで演奏を始め、堀威夫のバンド、スウィング・ウエストでもドラムを叩いていた。61年にザ・スパイダースを結成すると堀プロダクションの所属となるが、66年に社内ベンチャーのような形で独立、スパイダクションを設立し、73年に田辺エージェンシーとした。

1930年生まれの相澤秀禎は横須賀生まれ、戦後すぐに米軍音楽文化の洗礼を受けて、カントリーミュージックの虜《とりこ》になる。法政大学に進んだのち、スティールギター奏者として「相澤芳郎とウェスタンキャラバン」を率い、クラブでの演奏活動に従事した。60年代に入ると芸能マネジメントの仕事を始め、61年には自分のプロダクションを設立、70年代以降は、サンミュージックプロダクションとして桜田淳子《じゅんこ》、松田聖子、早見優と女子アイドルを多数抱える大手となった。

進駐軍撤退とベトナム戦争が起こした変化

　戦後日本の音楽と芸能の「ゆりかご」となった16号線エリアだが、1950年代半ばからいったん日本の音楽市場においては影が薄くなる。進駐軍の解体と朝鮮戦争の休戦で、軍人相手の音楽市場が縮小したからだ。

　51年のサンフランシスコ講和条約締結に伴い、日本は国家としての主権を回復し、翌52年4月の条約発効で、進駐軍は役割を終え、在日米軍があとを引き継いだ。53年には朝鮮戦争が休戦となり、同じ年、テレビ放送が開始された。

　ミッキー・カーチスは「あれだけ盛んだったキャンプでのステージも、進駐軍が撤退し在日米軍として再編成、縮小されていくにつれて、だんだんと数が減っていった」（『おれと戦争と音楽と』）と証言する。

　ミュージシャンたちは、16号線エリアのクラブから銀座や有楽町など都心のジャズ喫茶へと活動の場を移し、米兵相手から日本人相手に演奏するようになっていった。

　テレビ放送の開始は新たな潮流を生み出し、1950年代半ばから日本人向けの音楽と芸能の需要が飛躍的に拡大した。NHKは、それまでラジオ中継していた紅白歌合戦を、テレビ放送が始まった1953年末に有楽町の日本劇場＝日劇からテレビ生中継した。

その日劇では、渡辺プロを渡辺晋と立ち上げた妻の美佐が、58年2月8日、日劇ウエスタンカーニバルを開催した。折からのエルビス・プレスリーの大人気を受けたロカビリーブームを背負った、ミッキー・カーチス、平尾昌晃、山下敬二郎の「ロカビリー3人男」が登場するとあって、初日だけで9500人、1週間で4万5000人の客を動員した。

渡辺プロのプロデュースで1961年に日本テレビで始まったクレージーキャッツの「シャボン玉ホリデー」も、69年にTBSでスタートしたザ・ドリフターズの「8時だヨ!全員集合」も、軍のクラブのある16号線エリアからテレビを介してお茶の間へ、という典型事例だろう。

16号線育ちのミュージシャンたちは皆都心に吸い寄せられ、芸能プロダクションは所属タレントの活動をテレビ中心に考えるようになった。クラブ回りのミュージシャンたちの中には、テレビで人気歌手になる者もいれば、テレビの歌番組のビッグバンドの職に活路を見出《みいだ》す者もおり、グループサウンズの一員になる者もいた。

そんな60年代の16号線エリアのムードを伝えてくれる店が、横浜本牧に開店したレストラン・バー、ゴールデンカップだ。グループサウンズの雄、ザ・ゴールデン・カップスを世に出し、若き日の矢沢永吉が歌っていたバーである。今も本牧で営業している。のんびりカラオケもできるし、ライブも楽しめる健全な雰囲気だ。私も何度か訪れて、カラオケに興じた経験がある。

とはいえ、60年代の同店は「ヤバい場所」だったという。毎晩集まってくる米兵たちは荒《すさ》んでいた。泥沼化するベトナム戦争が彼らの心を傷つけていた。かつての様子をゴールデンカップのオーナー、上西四郎のインタビューレポートはこう伝える。

「ベトナム戦争の最中、客の多くは戦闘と戦闘の合間の休暇を本牧で過ごす、19～23歳くらいの米兵たち。上西さんいわく『ケンカは大なり小なり毎日。ビール瓶や灰皿が飛び交って、まるで西部劇の中のようやった』」＊（「はまれぽ.com」２０１５年12月20日より）。北野武《たけし》をして「若いときは怖くて入れなかった」と言わしめる店だったという。

当時を知る音楽関係者に話を聞いてみた。

山下達郎、竹内まりや、ピチカート・ファイヴ、フリッパーズ・ギターなど数々のシティミュージックを世に送り出し、渋谷の街から音楽が生まれてきた謎を解明した『渋谷音楽図鑑』（藤井丈司《たけし》、柴那典《しばとものり》との共著、太田出版、２０１７）でも知られる音楽プロデューサー、北野武と同世代の牧村憲一《けんいち》は、ゴールデンカップについての思い出をこう語る。

「60年代後半、何度かゴールデンカップの店の前まで行ったんですが、どうしても店内に入れませんでした。ビビったのです。店の前を行き来する常連客やミュージシャンらしき風体の連中からは無視されました。本牧に住んでいた友人は、店内での経験をこう語っていました。『米兵から臭《にお》いがするんだ。なんていうんだろう、あれは死の臭いだったと思う。だって、米軍基地にはベトナムから死傷した兵士たちが運ばれてきてるんだから』。真偽のほどはわかりませんが、ゴールデンカップは、そんなヤバい場所だったんです」

ゴールデンカップも、1975年のベトナム戦争の終結で在日米兵の数が激減すると「ヤバい場所」ではなくなっていった。16号線エリアの米軍基地周辺の米兵相手のバーやクラブの規模も賑わいも、次第に縮小していった。

でも、音楽のともしびは消えることがなかった。むしろ、米軍基地の縮小が、戦後生まれの20代前半のミュージシャンたちをこの道路沿いに引き寄せ、彼らは新しい音楽を創造し始めたのである。

第2世代 米軍ハウスが最強のスタジオになる

進駐軍クラブで育った第1世代のミュージシャンたちにとって、16号線エリアは「音楽で稼ぐ場所」だった。それに対して、戦後生まれの第2世代ミュージシャンたちにとっての16号線エリアは「音楽のために住む場所」であり、さらには「音楽を創る場所」だった。舞台は米軍住宅＝ハウス、である。

米軍基地と共に、「オフリミット」と呼ばれる日本人立入禁止のフェンスに仕切られた米軍家族専用住宅が各地に設けられた。現在の代々木公園にあった「ワシントンハイツ」、横浜・本牧の「ベイサイド・コート」やその近くの根岸にある「X住宅地区」、今も多くの軍人家族が住む逗子《ずし》市の「池子《いけご》住宅」などが有名だ。

こうしたオフリミットの米軍住宅や基地内の住宅に加え、日本の不動産業者が、基地の外にも米軍家族向けの住宅を建築した。それが「米軍住宅」＝ハウスである。16号線エリアの狭山・入間のジョンソン基地、福生の横田基地、立川基地、厚木基地に近い大和市南林間の周辺に、たくさんのハウスが建てられた。

1970年前後になると米軍の規模が縮小して米軍家族の数も減り、こうした基地の外のハウスのニーズは小さくなった。不動産業者は日本人向けにこれらのハウスを貸し出すようになった。

そこに好んで移り住んだのが、デザイナーや、アーティスト、ミュージシャンやその卵である。狭山、入間、福生、立川……。かつて米軍家族が暮らしていたハウスには、髪の長い若き日本のアーティストとその志望者たちがたむろするようになっていく。

狭山のハウスは、70年代初頭の一時期、ミュージシャンやデザイナーのコミューンとなった。最初に移り住んだのは、デザイナー集団、「ワークショップMU!!」の面々だ。のちにYMOのジャケットデザインなどを手がける奥村靫正《ゆきまさ》、大瀧詠一《おおたきえいいち》の「ナイアガラ・レーベル」などのデザインを手がける中山泰《やすし》、ファッションブランド、ドゥファミリィで活躍する真鍋立彦《まなべたつひこ》という未来のスーパーデザイナーたちが所属していた。

彼らの後を追うようにミュージシャンや音楽関係者が狭山のハウスに移住した。数々の海外ミュージシャンの招聘を手がけてきたプロモーターの麻田浩《あさだひろし》は『聴かずに死ねるか！』（奥和宏《おくかずひろ》との共著、リットーミュージック、2019）でこう語っている。

「（ワークショップMU!!と仕事をしているうちに）『すごく広い家が安く借りられるから見においでよ』と言われて、狭山のハウスを見に行った」

3ベッドルーム、リビング14畳、車も2台止められる家が安価に借りられたのだ。デザイナーにとっては格好のアトリエになるし、ミュージシャンにとっては自宅スタジオになる。麻田や、細野晴臣《はるおみ》、小坂忠《ちゅう》や吉田美奈子など錚々《そうそう》たるミュージシャンが狭山のハウスに移住してきた。

1972年秋、狭山のハウスに移り住んだ細野晴臣は、翌73年、初のソロアルバム『HOSONO HOUSE』を、タイトル通り、狭山の自宅＝ハウスで制作した。機材をリビングルームに持ち込み、ベッドルームで演奏した。ジャケットデザインはご近所のワークショップMU!!が担当した。都心に出ることなく、その地でアルバムまるごと作ってしまったのだ。

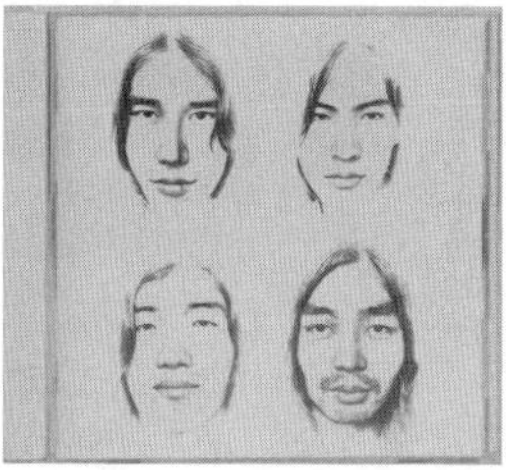

細野自身は、白金生まれで立教大学に通った生粋《きっすい》のシティボーイである。1969年には松本隆《たかし》、大瀧詠一、鈴木茂《しげる》とはっぴいえんどを結成し、現在の日本のシティポップの源流の一つとした。はっぴいえんどのアルバム『風街《かぜまち》ろまん』（上の写真）では、青山生まれで中等部から慶應の松本隆の歌詞が「風街＝渋谷」を描く。当時を知る牧村憲一が明かす。

「松本隆は、自著『微熱少年』（新潮社、1985）で『青山と渋谷と麻布を赤鉛筆で結び、囲まれた三角形を風街と名付けた。それはぼくの頭の中だけに存在する架空の街だった』と記しています。松本が名付けた風街は、渋谷川が作った、山と谷の地形が織りなす場所であり、はっぴいえんどの『風街ろまん』の舞台となりました。音楽というのは、みんなが思っているよりはるかに場所の影響を受けてできるものなのです」

松本と同様、シティ派の細野は、はっぴいえんどの解散と相前後して、あえて都心を離れ、狭山に2年ほど移り住んだ。盟友の大瀧詠一も横田基地のある福生／瑞穂町のハウスに移住し、自宅に福生45スタジオを構え、2013年に逝去するまでその地を離れることがなかった。

細野や大瀧はなぜ東京を離れ、16号線エリアのハウスに移り住んだのか。

「理由の1つは、家賃が安く、かつ音楽活動のためのスペースを確保できたからです。当時『アメリカ村』と呼ばれていた米軍ハウスの家賃は1戸あたり、たった月額2万～2万3000円でした。そしてもう1つの理由は、そこが日本の中のアメリカだったからでしょう。インターネットもない時代、16号線沿いの米軍基地近くのハウスは、本当のアメリカの空気感に近い場所だった。当時アメリカ西海岸の音楽に影響を受けていた細野晴臣さんや、やはりアメリカ音楽に影響を受け続けていた大瀧詠一さんにとって、ハウスに暮らしてハウスで音楽を作るというのは、たとえそれが擬似であったとしても、代え難い体験だったはずです」（牧村）

その後、細野はヒッピー的なコミューンでの生活に限界を感じ、狭山から再び都心に回帰するが、直前に、のちに日本の音楽史を塗り替える16号線エリア生まれの女子大学生と出会う。

本章の冒頭でも紹介した独身時代の荒井由実である。ユーミンは、16号線と日本の音楽の関係における第3ステージをもたらした。彼女は16号線という「場所」そのものを歌に昇華していったのだ。

ユーミンが16号線と六本木を音楽で結んだ

八王子の荒井呉服店の「お嬢」として育ったユーミンは、早くから音楽に目覚め、中学生の頃から都心のジャズ喫茶などを巡り、店で演奏していたミュージシャンと交流を重ねた。その彼女の音楽の源流は米軍基地にあった。基地に出入りできる同世代の友人たちとつるみ、ＰＸで最新の海外のロックアルバムを入手し、横浜や横須賀、湘南へドライブを楽しんでいた。

１９８３年刊行の自伝『ルージュの伝言』（角川書店）で、ユーミンは、自分の文化的なルーツを「シークレット・ゾーン」と称した（写真）。

「私には、シークレット・ゾーンが四つぐらいあった。（中略）三つ目のシークレット・ゾーンが、米軍のベース。八王子の家から、二十分ぐらいで立川とか横田のベースへ行けたわけ」

中学から高校にかけてのユーミンは、ＰＸで輸入盤（「八百四十円ぐらいだったんじゃないかな」と、本人は述懐する）を買い漁《あさ》った。

「ジミ・ヘンドリックスとか、クリーム。あとジェファーソン・エアプレインとか、アイアン・バタフライ。エレクトリック・ブルーンス、ストロベリー・アラームクロックとかね」

ユーミンは自分で聴いて楽しむばかりではなく、そのアルバムを八王子から都心へと運んだ。「ボーイフレンド」たちが、心待ちにしていたのである。中学生からグループサウンズの追っかけをやっていたユーミンは、ザ・フィンガーズのベーシスト、シー・ユー・チェン（現在は、ユニクロなどのブランディングを手がける、日本を代表するブランドクリエイターだ）や、ザ・スパイダースのかまやつひろしといった一回り以上年上のアーティストたちと親しくなっていた。

銀座のジャズ喫茶ＡＣＢ《アシベ》で、「出待ち」をしていたときに初めて出会ったかまやつとユーミンが親交を深めることになったきっかけも、彼女が基地から買ってきたアルバムをかまやつに渡したことだったという。

「ムッシュ（著者注：かまやつひろし）いわく、プロコル・ハルムの『月の光』（68年）というアルバムを私が渡したから」とユーミンは言う。「私の記憶ではブラッド・スウェット・アンド・ティアーズなんだけど」（『ブルータス』２０１８年3月15日号）

グループサウンズのアイドルでありながら英米の音楽に精通していたかまやつと、基地で手に入れた最新の英米のアルバムを持ってくる中学生のユーミン。15歳の差があったが、２人はやがて親友となった。落ち合うのはキャンティ。１９６０年に六本木飯倉片町で開店以来、東京のセレブリティの夜の社交の場となったイタリアンレストランである。

１９７２年、多摩美術大学1年生だったユーミンはミュージシャンとしてデビューした。最初のシングル「返事はいらない」は、所属していたアルファ

ミュージック社長の村井邦彦《くにひこ》の勧めで、かまやつひろしがプロデュースすることになった。ドラムは高橋幸宏《ゆきひろ》、ベースは小原礼《れい》と実に豪華なメンバーである。

「でもね、300枚しか売れなかったの」

同じ年、ユーミンはファーストアルバム『ひこうき雲』の制作に取り掛かる。収録は東京都港区田町のアルファスタジオ。村井が声をかけたバックバンドは当時狭山でヒッピー生活を過ごしていた細野晴臣らキャラメル・ママの面々だった。

ドキュメンタリー『MASTER TAPE ―荒井由実「ひこうき雲」の秘密を探る』（NHK BS、2010年1月16日放映）では、ユーミンが、細野晴臣、松任谷正隆、林立夫《たつお》、レコーディングディレクターの有賀恒夫《ありがつねお》、エンジニアの吉沢典夫とスタジオに集まり、1年以上かけた『ひこうき雲』制作の模様を37年ぶりに振り返っている。

「最初キャラメル・ママとっていう話で音を聞かせてもらって、なんでこんなアメリカっぽい人たちとするのかなと」

ユーミンが違和感を感じたのは、キャラメル・ママとの音楽観の違いだった。

「（音楽の趣味も志向も）まったく違ったと思います。私はブリティッシュロック好き、キャラメル・ママはやっぱりアメリカンだったと思います」（ユーミン）、「僕はイギリスロックって大っ嫌いだったから。やっぱりサウンド的に許せなかった。由実さんと僕らとの間にちょっとモヤモヤッとした空気があったかもしれないです」(松任谷)。が、この違和感は、レコーディングを始めて半年ほどで解消する。「レコーディング始まって半分くらいのところで、(松任谷と)職場恋愛みたいになったので、後半は融合しましたね。お付き合いしだしちゃったから」

番組の中でユーミンは笑う。

1973年に発売された『ひこうき雲』を改めて聴くと、米軍基地で入手したプロコル・ハルムの「青い影」に憧れていたユーミンの英国志向と、ハウスでヒッピー生活を営んだキャラメル・ママのアメリカ志向とが混じり合っているのがよくわかる。「ニューミュージック」という新しい音楽は、16号線を介して英国と米国と日本の音楽がぶつかることで誕生したのだ。

ユーミンのデビューは、三重の意味で16号線と関わりがある。

1番目は、デビューシングルを、16号線エリアの軍のクラブでカントリーを歌っていたかまやつひろしがプロデュースしたことである。2番目は、デビューアルバムに、16号線エリアの狭山でヒッピー的な生活を送り、アメリカの音楽に耽溺《たんでき》していた細野晴臣らキャラメル・ママが音作りに関わったこと。3番目は、何よりユーミン自身が16号線エリアの街、八王子生まれであることだ。

ユーミンの音楽と16号線との関わりは、さらに深まっていく。デビュー後、ユーミンは、自分の歌の中に16号線が通る郊外の街を、景色を、折にふれて描くようになる。

2枚目の『MISSLIM』(1974)は、再びキャラメル・ママ＝ティン・パン・アレーの面々と作られたが、このアルバムには16号線エリアの風景を歌った曲が2つ入っている。冒頭の「生まれた街で」は、オルガンとベースのリズムに乗って生まれ育った八王子を歌う。

生まれた街の匂い　やっと気づいた
もう遠いところへと　ひかれはしない
小さなバイクを止め
風を見送ったとき
季節がわかったよ
(作詞・作曲　荒井由実、アルバム『MISSLIM』1974より)

「海を見ていた午後」では、オルガンだけをバックに、16号線を見下ろす横浜・根岸の丘のレストラン「ドルフィン」からの静かな海の風景をつぶやく。

山手のドルフィンは　静かなレストラン
晴れた午後には　遠く三浦岬も見える
（同右）

「生まれた街で」の主人公は、小さなバイクで（もしかすると16号線を）走りながら、改めて気づく。生まれ育った街＝八王子の、匂いを、風のかけがえのなさを。この街が、「季節がわかる」場所であることを。「海を見ていた午後」の主人公は、レストランでひとり、「遠いあの日」の彼との思い出に浸る。晴れて澄んだ青空の向こうでカモメが飛ぶ。貨物船が航行する海、三浦半島の遠景を眺める。

なぜ、主人公はこの場所で改めて「気づいた」のだろうか。この場所で遠いあの日を「思い出す」のだろうか。なぜ、ユーミンが歌う景色は、彼女の遊び場であり仕事場でもある都心＝六本木や麻布ではなく、八王子や根岸や三浦の岬の風景なのだろうか。

4枚目のアルバム『14番目の月』（1976）の代表曲「中央フリーウェイ」には、ユーミンが都会の景色ではなく、郊外の景色を歌う秘密が隠されている。

中央フリーウェイ
調布基地を追い越し 山にむかって行けば
黄昏《たそがれ》がフロント・グラスを 染めて広がる
(中略)
右に見える競馬場 左はビール工場
この道はまるで滑走路 夜空に続く
(作詞・作曲 荒井由実、アルバム『14番目の月』1976より)

この歌で、ユーミンを乗せた車は、中央フリーウェイ=「中央自動車道」を、都心から郊外へと走っている。遊び場であり仕事場である都心から、自宅のある八王子へと「帰る」道のりを歌っているのだ。実際、ユーミンはこの歌詞を八王子で書いた、と証言している。

「中央フリーウェイ」と同じ時期の歌に、アルバム『MISSLIM』や「ルージュの伝言」でユーミンのバックコーラスを務めていたのが山下達郎だ。その山下が参加したシュガー・ベイブの名曲、「DOWN TOWN」(1975)。大阪から福生に移ってきた伊藤銀次《ぎんじ》が作詞し、岩手出身で福生／瑞穂町在住の大瀧詠一がプロデュースした。この曲は福生／瑞穂町＝16号線エリアで生まれたわけである。ただし、歌詞は「ダウンタウンへ繰り出そう」だ。都会へのキラキラとした憧れが「うきうき」と歌われている。

一方、すでに港区＝都会のキラキラにレコーディングのために通っていたユーミンの「中央フリーウェイ」の主人公は、ダウンタウンに繰り出さない。むしろ郊外へと帰っていく。

ユーミンを郊外へ、16号線へ向かわせたものはなにか。ここでひとつの仮説を提示してみたい。それは「公害」ではないだろうか。

公害が郊外の歌を生んだ

ユーミンがミュージシャンとしてデビューした頃、1960年代後半から70年代にかけての東京の空は、おそらく歴史上最悪のレベルで汚染されていた。高度経済成長のツケとして、深刻な公害が日本全国を襲っていたのである。

私にも記憶がある。１９７０年、父親の仕事の関係で東京港区高輪に住んでいたのだが、たった4キロしか離れていない東京タワーがスモッグのせいで晴れていても見えない日がしばしばあったのだ。ましてや当時都心から１００キロ離れた富士山が見えることはほとんどなかった。国鉄品川駅の向こうからは、東京湾の嫌な臭いが漂ってきた。電車の窓越しから見える多摩川はぶくぶく泡立っていた。幼稚園時代の友人はひどい喘息《ぜんそく》にかかり、小学校に上がる前に空気の綺麗《きれい》な地方へと家族で引っ越していった。

東京の空がどれほど汚かったか、東京・武蔵野市の成蹊《せいけい》学園所属の成蹊気象観測所の実測値が教えてくれる。

２０１３年2月24日付の朝日新聞の記事によれば、この観測所は、「１９６３年１月１日から毎日、東京都武蔵野市にある成蹊中学・高校の校舎屋上から観測を続けてきた。（中略）午前9時、南西83キロの富士山、東南東17キロの東京タワー、北東74キロの筑波山《つくばさん》――などを目視で調べている」＊。

記事に載っている成蹊気象観測所の１９７０年のデータを見ると、富士山が見える日数は年間50日程度。２０１２年は１２６日である。注目すべきは、東京タワーが見える日数だ。１９７０年はたった30日台と、富士山が見える50日より少ないのだ。

ちなみに2012年、東京タワーが見える日は300日を超えている。東京郊外の武蔵野市から東京タワーのある都心方面の空気が70年当時いかに汚れていたか、はっきりわかるデータだ。これが八王子からユーミンが足繁く通ってきた都心の空模様だった。

ただし、東京から一歩郊外に出れば、青空と綺麗な海が待っていた。71年秋、私は父親の転勤に伴い、港区高輪から60キロ離れた神奈川県茅ヶ崎へと引っ越した。原っぱとサツマイモ畑が点在するのんびりした田舎だった。海岸に出れば、富士山と伊豆半島と烏帽子《えぼし》岩をいっぺんに拝むことができた。夜空に満天の星と天の川を見ることもあった。そして、喘息にかかって港区から引っ越した幼稚園時代の友人と小学校で再会した。転地療養先は茅ヶ崎だったのだ。彼の喘息はすっかり治っていた。

茅ヶ崎は、当時もいまも歌の生まれる場所だ。明治時代に設けられたサナトリウム「南湖院」が戦後米軍に接収され、在日米軍の施設「キャンプ茅ヶ崎」が1960年代初頭まであった。16号線とは離れているが、米軍の施設があり、戦後の米軍文化の影響を受けた郊外という点では、そっくりである。1970年代、海沿いにはパシフィックホテル茅ヶ崎があった。日本最初の本格的リゾートホテルだ。元々のオーナーは俳優の上原謙、息子が若大将こと加山雄三である。そのホテルでアルバイトしていたという逸話もあるのがかの桑田《くわた》佳祐《けいすけ》だ。サザンオールスターズを結成し、1978年、「勝手にシンドバッド」で衝撃的なデビューを果たし、「砂まじりの茅ヶ崎」と巻き舌で歌い、茅ヶ崎の名を全国区に押し上げた。のちに彼は「ホテルパシフィック」を歌う。

ユーミンも茅ヶ崎を歌っている。76年発売のアルバム『14番目の月』に「中央フリーウェイ」などと一緒に収められた「天気雨」だ。

サーフボードなおしに〝ゴッデス〟まで行くと言った
（中略）
白いハウスをながめ　相模線にゆられて来た
茅ヶ崎までのあいだ　あなただけを想《おも》っていた
（作詞・作曲　荒井由実、アルバム『14番目の月』1976より）

「相模線」は茅ヶ崎と相模原市の橋本を結ぶJR線（当時は国鉄線）だ。橋本はユーミンのふるさと八王子の目と鼻の先の街である。「白いハウス」は、16号線エリアの厚木基地や座間キャンプに隣接した米軍住宅のことだろう。

八王子から電車に揺られて、茅ヶ崎でサーフィンに熱中する彼氏の元に向かう少女。ユーミンの初期の作品の歌詞に出てくる風景の多くは、1960年代から70年代初頭、彼女がプロになる前の10代のときに見たものだろうか。ユーミン自身、初期作品には「私小説」的側面があることを、自伝『ルージュの伝言』で明かしている。

ユーミンが10代を過ごした1960年代後半の東京は、公害問題が最も深刻な時期だった。遠くの富士山どころか近くの東京タワーすら見えない空だった。薄汚れた東京は夜に輝く街だった。昼間の醜さは夜のとばりが降りるとともに暗がりに隠され、ネオンの灯が魔力を持って人々を迎えた。朝になれば魔法は解け、東京は汚れた海を臭い風を煤《すす》けた空をあらわにした。

都心と郊外とを行き来したユーミンは、夜の都会の魔術と昼の都会の汚《けが》れの双方を知っていたはずだ。

彼女が歌いたかった景色は、薄汚れた都心の空ではなく、郊外の空の下にあったのではないか。16号線から音楽が生まれ続けてきた理由のひとつは、都心へ通勤できる地域でありながら、都会の汚れや仕事から逃れられる広い空、青い海の広がる郊外だから、という地理的な条件による部分が大きいような気がする。

16号線は絵になる。詩になる。山があり、谷があり、ひらけた台地があり、海に接している。半島が伸び、太平洋が広がる。外国航路の貨物船が出入りし、軍艦がにらみをきかせる。岬の沖には無数のヨットが走り、ビーチでサーファーのサーフボードが波に舞う。青空に飛行機雲が伸び、海岸では水着の若者たちが戯《たわむ》れる。富士山と伊豆半島と大島がパノラマのように並ぶ。そして洒落《しゃれ》たオープンカーが南下する。

『渋谷音楽図鑑』で、場所と音楽の誕生の関係について自らの経験を綴《つづ》った音楽プロデューサーの牧村憲一が語る。

「新しい音楽は、ある時代の、ある人たちが、ある場所で生み出すものです。この3つのどれが欠けても生まれない。例えば、渋谷がそうでした。丘の上には米軍住宅のワシントンハイツがあって、音楽好きの学生たちが集う青山学院大学があって、渋谷川によって刻まれた、深い谷があって。16号線も同じです。あの時代の、あの場所に、あの地形に、あの人たちが集ったから、歌が生まれた。そして、この3つの要素でいちばん変わらずにあり続けるのは『場所』です。渋谷も、16号線も、湘南も、世田谷も、そんな『場所』じゃないか、と僕は思っています」

平成最後のNHK紅白歌合戦のトリを飾ったのは、サザンオールスターズだった。デビュー曲の「勝手にシンドバッド」を桑田佳祐が歌いはじめる。と、そこにユーミンが絡《から》む。桑田にキスをしたユーミンは、「胸さわぎの腰つき」とくねらせながら、自らもマイクを持つ。2018年末のNHKホールが、70年代の「砂まじりの茅ヶ崎」にタイムスリップする。

桑田が走るのは湘南の海沿いの国道134号線だ。ユーミンが走るのは横浜から横須賀へと降《くだ》る国道16号線だ。そして2つの国道は三浦半島でつながる。

そういえば、ユーミンは「コバルト・アワー」で「あなたは昔、湘南ボーイ、わたしは昔、横須賀ガール」と歌っていた。あの歌はまさに134号線ミーツ16号線だった。

1970年代から東京の郊外の景色を歌ってきた桑田とユーミンは2020年代も音楽の第一線で活躍し続けている。2022年末の紅白歌合戦で、桑田は〝同級生〟の佐野元春《さのもとはる》、世良公則《せらまさのり》、Char、野口五郎《のぐちごろう》と「時代遅れのRock'n' Roll Band」を披露した。デビュー50周年のユーミンは「松任谷由実 with 荒井由実」として出演、AIで荒井由実の歌声と姿を再現、現在の松任谷由実と共演した。

次は、誰が16号線の歌を生むだろうか。

第4章 消された16号線——日本史の教科書と家康の「罠《わな》」

『翔《と》んで埼玉』が描くダサイタマと江戸中心主義の幻想

ショッピングモールとラーメンチェーンとコンビニと倉庫が並んでいて、周囲に田んぼや畑が結構あって、時々トラクターが近所を走っている。週末の夜には暴走族がかつてたむろしていた。電飾眩《まぶ》しいデコトラを見かけるときもある。およそ都会ではない。かといって風光明媚《めいび》な自然があるわけでもない。そんな、ビミョーな場所……。

以上は本書冒頭でも指摘した国道16号線のパブリックイメージをかなりざっくりまとめたものである。ちなみに米軍と港町のイメージが強い横浜、横須賀近辺はこのイメージから除いておく。

16号線沿いの町にまといつくこんなイメージを、そのままモチーフに使った映画が２０１９年春公開された。『翔んで埼玉』だ。

――その昔、埼玉県民は東京都民からそれはそれはひどい迫害を受けていた。通行手形がないと東京に出入りすらできず、手形を持っていない者は見つかると強制送還されるため、埼玉県民は自分たちを解放してくれる救世主の出現を切に願っていた。

（映画パンフレットより）

こんな前振りで始まる『翔んで埼玉』には、２人の主人公が登場する。東京の超名門校白鵬堂学院《はくほうどう》を牛耳る都知事の息子にして生徒会長の壇ノ浦百美《ももみ》（二階堂ふみ）と、アメリカから転校してきた眉目秀麗《びもくしゅうれい》な麻実麗《あさみれい》（ＧＡＣＫＴ）だ。

麻実は東京丸の内の大手証券会社の御曹司《おんぞうし》だが、その正体は埼玉県の大地主西園寺《さいおんじ》家の息子。将来都知事となって通行手形制度を撤廃し、埼玉県民が自由に東京に出入りできる未来をつくるのが、彼の秘めたる野望だ。

白鵬堂学院では、赤坂、青山など「都会指数」の高いところに住む生徒がＡ組、Ｂ組からＤ組には中央区、新宿区、横浜などの生徒がクラス分けされている。Ｅ組には東京でも都会指数はゼロの田無《たなし》や八王子から通う生徒が押し込められる。最底辺のＺ

組の生徒は元埼玉県民である。校舎に入れてもらえず、外の掘っ立て小屋で勉強をする。

壇ノ浦（設定では男）は、自分を凌《しの》ぐ文武両道の麻実に恋してしまい、麻実の埼玉解放運動に加担することになる。立ちはだかるのは、都知事である父、そして、壇ノ浦家に仕える執事にして、実は埼玉県のライバル千葉県出身者の阿久津翔（伊勢谷《いせや》友介《ゆうすけ》）であった……。

以上が『翔んで埼玉』のあらましだが、この映画でギャグとなっている「埼玉らしさ」は、冒頭にあげたパブリックイメージとしての「16号線らしさ」とぴったり重なる（地図2参照）。

映画に登場する「埼玉的」な町は、いずれも16号線エリアにある。埼玉県民である麻実の正体がばれたときに彼が東京から逃げ込む春日部、埼玉県の大立者、麿赤兒《まろあかじ》演じる西園寺宗十郎が居を構える所沢、さらに、劇中では東京都内でありながら「都会指数ゼロ」というポジションで語られる八王子、執事である阿久津の出身と噂《うわさ》される町田である。

16号線らしき道も映画『翔んで埼玉』には登場する。

東京から埼玉へと逃亡する麻実と壇ノ浦は、池袋からいったん埼玉と敵対する千葉

地図 2

映画『翔んで埼玉』のサイタマとチバは16号線の街だった!
（参考資料　パンフレット『翔んで埼玉』）
※海岸線の形状は現在のものです
茨城県
埼玉県
原作者、魔夜峰央がかつて住んだ。映画では麗の父、西園寺宗十郎が居を構える。
春日部
野田
荷車で脱出を図る農道は16号線の可能性が高い
流山
柏
「埼玉の首都」
埼玉と千葉が戦う
所沢
池袋
東京都
新宿
皇居
八王子
都庁がそびえる
国道16号線
都会指数は横浜より低い
町田
神奈川県
横浜
千葉県
東京都内ではないのに都会指数が高い
0
20km

県に入る。そして、柏の手前から草深い未舗装の「農道」を通る。ミノをかぶった農夫3人が引っ張る荷車（どうやらこれが公共交通機関らしい）に2人は身をひそめ、県境越えを目論《もくろ》む。この農道沿いに突き刺さった2つの木製看板にはそれぞれ「柏」「野田」とある。柏から野田に抜ける道といえば16号線である。

極めつきは江戸川を挟んで埼玉県勢と千葉県勢が対峙《たいじ》する決闘シーンだ。登場するのは、トラクターにヤンキーに暴走族に改造バイク、電飾が眩しいデコトラだ。おっかない車が走る道、16号線のパブリックイメージがギャグの要素として利用されているわけだ。

現実の16号線も1970年代から80年代にかけては暴走族が走り回る道として有名だった。物流拠点が多いから今も昔もたくさんのトラックがひっきりなしに走っている。1970年代、菅原文太《すがわらぶんた》主演の『トラック野郎』シリーズの大ヒットと共に人気を博した電飾だらけのデコトラは、今も16号線沿いで見かけることがある。沿線に居並ぶホームセンターやショッピングモールには、地元住民が自宅からご近所感覚で車で乗りつけるため、一見マイルドヤンキー風のスウェット姿の人たちも目立つ。

私は、『翔んで埼玉』を池袋の映画館で観《み》た。「埼玉の首都」と映画パンフレットに記された街である。平日夜にもかかわらずほぼ満員の観客は、次々と繰り出される

「埼玉ギャグ」の数々に爆笑していた。埼玉に近い池袋の映画館に集まった観客の多くが、映画の中で示された「都会指数」、東京港区と埼玉の格差に対して「あるある！」と膝《ひざ》を打ったからだろう。

原作は『パタリロ！』で著名な魔夜《まや》峰央《みねお》が雑誌『花とゆめ』別冊（白泉社）に3回に渡って掲載した同名の漫画である。掲載年次は1982年冬、83年春、83年夏だから、40年近くも前の作品だ。数年前ネット上でこの漫画の存在が話題となって、絶版となっていたコミックが復刊され、クリーンヒットとなり、あれよあれよというまに映画化された。

原作者の魔夜によれば、執筆のきっかけは、新潟から上京してきた際に漫画雑誌の編集長らの甘言に騙《だま》され、編集長と編集部長の自宅がある所沢に居を構えさせられたことだったという。4年間の所沢生活で「恐ろしい所沢、ひいては埼玉県全体をおちょくったらおもしろい作品ができるのではないかと思いついたのです」（『翔んで埼玉』宝島社、2015、本人あとがきより）と、魔夜は振り返る。

興味深いのは、40年近く前の漫画に描かれた埼玉や千葉のイメージが、2020年代になっても古びることなく通用するということだ。言い換えれば、埼玉や千葉や両県を通る16号線エリアのイメージは、当時も今も東京に比べて田舎でダサい、ということになる。

本書の第2章で触れたように、歴史を遡《さかのぼ》ると16号線が通る埼玉や千葉は、長らく現在の東京都心よりも賑《にぎ》わっていた。旧石器時代から人々が暮らし、縄文時代の千葉には貝塚が集積し、埼玉には関東有数の巨大な古墳群があった。

けれども、一般的には、東京が都会で、埼玉や千葉は郊外のしかもちょっと田舎だと思われている。なぜだろうか？

多くの日本人にそう思い込ませた、誰もが知る有名な「容疑者」を、私はすでに2人突き止めてある。

1人は徳川家康、もう1人は高校の日本史教科書である。

家康の「容疑」は、「江戸を作ったのは家康」「家康以前に江戸はなかった」という偽史を現代の私たちに植え付けたことだ。江戸時代以降、現在に至るまで多くの日本人がこの偽史を信じ続けている。

高校の日本史教科書の「容疑」は、江戸時代以前の関東の歴史を（鎌倉幕府の時代を除くと）ほとんど記述しないことで、関東に関する大半の日本人の知識を乏しくしてしまったことだ。

結果、私たちは、関東がにぎわうようになったのは徳川家康が江戸城入りしてからで、江戸を中心に首都圏が発達したように感じてしまっている。当然、16号線が通っている埼玉や千葉は、江戸＝東京の中心から見れば郊外であり、田舎となってしまう。かくして、『翔んで埼玉』の「埼玉田舎史観」は盤石のギャグとなるのであった。

「江戸は寒村」は家康のついた「ウソ」？

家康以前の江戸は、寂れた寒村だった——。このイメージが一般に定着していたのは、そもそも専門家がそう記していたからだ。

大相撲で賑わう両国国技館の隣に、東京都江戸東京博物館、通称江戸博が開館したのは1993年3月28日のことだ。江戸と東京の歴史を体系的に常設展示している。オープン当初、江戸博の総合案内には、1590年に徳川家康が江戸城に入城する前の江戸について、次のように記してあったという。

「当時の江戸は、太田道灌《どうかん》がかつて築いた城はあったが、わずかな家並みの漁村だったようである。家康が、上方《かみがた》に対する軍事的要地の小田原や、武家政権の伝統を持つ鎌倉ではなく、あえて江戸を本拠地とした理由は、江戸が広大な後背地と水運の便に恵まれ、将来への発展の可能性を秘めていたことに着目したからであろう」

以上の文章は『家康はなぜ江戸を選んだか』（教育出版、１９９９）からの引用だ。江戸博のこの総合案内に疑問を投げかけたのは、同書の著者で当時江戸博の学芸員だった歴史学者の岡野友彦《ともひこ》皇學館《こうがっかん》大学教授である。岡野教授によれば、江戸と東京の歴史を見せてくれる江戸博をして開館当初は「家康以前」の江戸について「わずかな家並みの漁村だった」と記していたというのだ。当然、一般の見学者はこれを歴史的事実と思うだろう。フィクションの世界では21世紀になっても複数の歴史ドラマや小説が「家康がやって来るまで江戸周辺は田舎だった」と描写し続けている。一例をあげよう。２０１６年のＮＨＫ大河ドラマ『真田《さなだ》丸《まる》』だ。第23話では「関東の連れ小便」のシーンを念入りに描いた。１５９０年、後北条《ごほうじょう》氏の小田原城を20万以上の兵で囲んで攻め落とそうとしていた豊臣秀吉《とよとみひでよし》が、参陣した徳川家康を連れ小便に誘ったという話だ。

秀吉は、後北条がこもる小田原城をとりかこむ山々と海に、蟻《あり》の這《は》い出る隙《すき》もない布陣を敷いた。自陣からは遠く関東一円が見渡せる。秀吉は家康に声をかけ、連れ小便をしながらこう言う。

「徳川殿、この戦が終わったら、お主に北条の領地全《すべ》て任せようと思っている。ここから見えるところ、全てお主のものじゃ。今後もわしのために働いてくれ」

連れ小便中の家康は「はっ」と頭を垂れる。そして秀吉は追い打ちをかける。

「江戸はわかるかな。だいたいあっちだ。関八州《かんはっしゅう》をやる代わりに江戸に移ってもらうから」

今度は「はっ？」と驚きのあまり声も小便も止まる家康。

「駿河《するが》や三河はもういらんだろ。江戸も良いところらしいぞ」

秀吉は家康にこう言い捨てる。そのあと横に控えていた真田《さなだ》信繁《のぶしげ》（幸村《ゆきむら》）に笑って言う。

「家康、驚きのあまり、小便止まっておったわ」

秀吉は、家康に後北条氏の領地だった関東＝関八州（上野《こうずけ》、下野《しもつけ》と常陸《ひたち》の一部、上総、下総、伊豆、武蔵、相模）２５０万石を与え、その代わり家康の本拠地である三河、遠江《とおとうみ》、駿河及び甲斐《かい》、信濃《しなの》の五国を召し上げた。家康は秀吉の命に素直に従い、武蔵国の外れの海沿いにあった江戸城に向かった、とされている。

『真田丸』第24話では、江戸に入城したのち、秀吉のもとに戻ってきた家康が、真田昌幸《まさゆき》に愚痴る。

「（江戸は）噂以上のススキ野原であった」

２０１０年代の傑作大河ドラマ『真田丸』でも、家康以前の江戸はススキ野原であり、家康が愚痴るような寂れた場所だった、と描かれていたわけだ。

江戸城に入城した家康は、秀吉の死後、1600年の関ヶ原の合戦に勝利し、1603年には征夷《せいい》大将軍となって、幕府を江戸に開いた。

江戸幕府は、多摩川から上水道を引き、江戸の東に流れ込んでいた荒川を西に、利根川の本流を東に動かして治水を行い、江戸城の周囲には水路を張り巡らせた。上水と治水と水運と農業用地の4つをつくり、江戸城を中心に広がる人口100万人の世界最大級の都市、江戸は大いに発展した。いまの東京と首都圏は、家康と江戸幕府が構築した優れた都市設計とインフラの上に成り立っている。それはまぎれもない事実だ。

はたして、家康が訪れるまでの江戸とその周辺の現在の首都圏は、草ぼうぼうの何もない湿地で文化果つる田舎だった、というのは本当だったのか？

太田道灌が拓《ひら》いた豊かな水の都

「江戸幕府以前の江戸が寂れた場所だった」という記述は、なんと江戸時代からあったという。

『家康はなぜ江戸を選んだか』で、岡野教授は、松井松平家の家老である石川正西《しょうさい》が1660年に書き上げた『石川正西聞見集』のなかに「家康以前の江戸を寒漁村とする伝承」があったと指摘している。

「この頃の江戸は、遠山景政（政景《まさかげ》）の居城でいかにも粗末。城下町なども茅葺《かやぶ》きの家が百あるかないかの様子で、城も形ばかりで城らしくなく、あさましいありさまであったものを……」（『家康はなぜ江戸を選んだか』）

1590年、17歳の石川正西は家康の江戸入国を目撃しており、これはその証言だという。だが、岡野教授は続けてこの見聞録における正西の述懐の多くが、家康入城初期の「苦労話」ばかりで彩《いろど》られていることを指摘し、「正西老人の語った『苦労話』という流れの中で読む限り、入国以前の江戸をことさら『あさましい』姿に描く表現も、その『苦労話』の一環」ではないかという仮説を提示する。

家康が江戸入りした時点では江戸城がオンボロで周囲も寒村でススキ野原のさびしい場所だったという描写は、家康が巨大都市をゼロからつくりあげた「家康伝説」を強化するために江戸時代初期に作られた「お話」かもしれない、というのである。なんと歴史の修正が行われた疑いがあるわけだ。

複数の研究者が同様の指摘をしている。江戸東京博物館の学芸員を務める歴史学者の齋藤慎一《さいとうしんいち》は、『中世を道から読む』（講談社現代新書、2010）の中で、「家康以前、江戸はすでに都市だった」という項を立て、「徳川家によって繁栄した江戸というイメージを高めるために、そのコントラストとして以前の江戸をきわめて寂しく描いたものである」と断じる。

ＮＨＫ大河ドラマの時代考証を数多く手がけてきた歴史学者の大石学東京学芸大学名誉教授も、『新しい江戸時代が見えてくる』（吉川弘文館、2014）で「家康が入り、巨大都市江戸を造りあげるというサクセス・ストーリーができあがっていたのです。／しかし、近年この寒村イメージは修正されています」と記述している。

実際には、家康が来る前から江戸は寒村どころかかなり賑わっていたようなのだ。『新しい江戸時代が見えてくる』によれば、室町時代の1392年には品河湊（品川）に「伊勢（三重県）の船が多数到来しています」とあり、太田道灌が江戸城を築いて城下町が形成されたのちは、現在の東京駅八重洲《やえす》北口に面した常盤橋《ときわ》に「和泉（大阪府）、越後《えちご》（新潟県）、相模（神奈川県）、常陸（茨城県）、安房《あわ》（千葉県）、信濃（長野県）などから、茶、米、銅など、さまざまな物資が集まり、賑わいました」とある。

誰が家康以前の江戸に賑わいをもたらしたのか。キーマンの1人は太田道灌だ。

室町時代、戦国の世を予感させるかのように群雄割拠する武将が居並ぶ関東で、鎌

地図 3

16号線エリアに並ぶ中世の街
15世紀、太田道灌や北条早雲ら武士たちは
16号線沿いに城を設けた
古河城:古河公方
(古河市)
鉢形城:長尾景春
(寄居町)
関宿城:古河公方(野田市)
岩槻城:扇谷上杉氏&太田道灌(さいたま市)
河越城:扇谷上杉氏&太田道灌(川越市)
下総国国府(市川市)
浅草湊(関東で最も古い港)
臼井城:臼井氏(佐倉市)
佐倉城:千葉氏(佐倉市)
石神井城:豊島氏
(練馬区)
武蔵国国府
(府中市)
江戸城:扇谷上杉氏&
太田道灌(皇居)
小山田城:小山田氏
(町田市)
品川湊(目黒川河口)
津久井城:後北条氏
(相模原市)
小机城:山内上杉氏
(横浜市港北区)
上総国国府
(市原市)
溝呂木城:溝呂木氏
(厚木市)
糟谷館:扇谷上杉氏
(伊勢原市)
六浦湊:鎌倉の港
(横浜市金沢区)
真里谷城:上総武田氏(木更津市)
相模国国府(大磯町)
富津
(富津市)
久留里城:上総武田氏(君津市)
小田原城:後北条氏
(小田原市)
玉縄城:後北条氏
(鎌倉市大船)
走水
(横須賀市)
鎌倉:鎌倉府
新井城:三浦氏
(三浦市)
伊豆国国府
(三島市)
堀越御所:堀越公方
(伊豆の国市)
安房国国府
(南房総市)
0
20km

倉と伊勢原を拠点とする扇谷《おうぎがやつ》上杉氏に仕えていた太田道灌は、16号線エリアの地理的な条件を知悉《ちしつ》し、江戸湾を取り囲む丘陵や台地の縁に城を構え、あるいは敵の城を攻め、江戸湾と巨大河川の水運を利用できる街の構造をつくった（１７７頁参照。地図3は『享徳《きょうとく》の乱と太田道灌』［山田邦明《くにあき》著、吉川弘文館］などを参考に作成した）。

関東の戦国時代の引き金を引いたとされる享徳の乱の真っ只中、道灌は3つの城を１４５７年のたった1年で同時に築城したといわれている。

現在16号線が通る武蔵野台地の入間川（現在の荒川）を望む場所に河越《かわごえ》城を築き、やはり16号線エリアの大宮台地を旧荒川（現在の元荒川）が流れるほとりに岩槻《いわつき》城を築いた（注：岩槻城は１４７８年成田氏による築城説あり）。そしてもう1つが江戸城だ。

江戸湾の奥、入間川、荒川、利根川の河口の先には、海に突き出た岬があった。平安時代から鎌倉時代にかけて武蔵国の武家である江戸氏が居を構えていた場所だ。その岬に太田道灌が江戸城を築城した。

江戸城、河越城、岩槻城、以上3つの城の配置は、ロジスティクス＝兵站《へいたん》の面から見ても戦略に満ちていた。江戸城と河越城は入間川の中流と河口部に位置し、水運を利用できた。道灌はさらにこの2つの城をつなぐ川越街道を整備した。江戸城と岩槻城も旧荒川の水運でつながっていた。道灌はわずか1年で、江戸城を中心にして2つの城を水運で結んだ扇型の勢力圏を構築したのである。

道灌は武蔵国南部の最大勢力である豊島《としま》氏を攻め、根城の石神井《しゃくじい》城を落とし、横浜の小机城で殲滅《せんめつ》した。下総国の豪族千葉氏を境根原《さかいねはら》（現在の柏）合戦で打ち破り、臼《うす》井《い》城（現在の佐倉）を陥落させた。

鎌倉、小机、河越、岩槻、柏、佐倉は、いずれも16号線エリア及びその隣接地にある。道灌の拠点であり、城を築いた場所であり、攻め落とした敵の城があったところだ。共通するのは、いずれも「山と谷と湿原と水辺」がセットの小流域地形を有していることである（81頁参照）。武士が築城するのにうってつけの地理的な条件は、旧石器人や縄文人が好んで暮らしたところと共通していたのだ。このほかにも、16号線エリアには中世の城跡が多数残っているが、そのほとんどが台地や丘陵地の縁の小流域地形を利用して築城している（82頁②、１０５頁参照）。

道灌は、環状道路の16号線と中心の江戸、という首都圏の地理的な条件を可視化し、政治と経済の権力の仕組みを具現化した。小流域地形に築城された城を結んでいくと、それが16号線エリアに収まる。中心にあるのは、入間川、荒川、利根川という巨大河川の河口部の岬＝江戸城だ。ドローンかグーグルマップでも持っていたのだろうか。そう思わせるほど、道灌は、首都圏の地理的条件を正確に把握し、現在の東京につながる都市開発を行ったのだ。

東京が「中心」となったのは江戸時代から

ただし太田道灌はあまりに切れ者すぎた。ゆえにその才能を恐れた主君の上杉定正《さだまさ》によって1486年暗殺された。

漁夫の利を得たのが、京都から駿河、伊豆に進出した伊勢宗瑞《そうずい》＝北条早雲である。早雲を始祖とする後北条氏は、道灌亡《な》きあとの扇谷上杉家や関東足利家を追い落として関東最大の勢力となり、河越城、江戸城、岩槻城、小机城と、道灌ゆかりの城を手中に収めた。後北条の手に渡った江戸城と江戸湊は、江戸湾と利根川、入間川、荒川をつなぐ水運の要《かなめ》として、ますます重要な位置を占めていった。

江戸湾内では、浅草湊とその南にある品川湊、さらに鎌倉府の江戸湾側の玄関でもある六浦《むつら》湊が、鎌倉時代から利用される水運の拠点だった。この3つの湊に江戸湊が加わり、後北条氏は積極的に船を活用した。本丸のある小田原からも船を使えば江戸まではスムーズに行き来できる。

では、太田道灌亡き後、後北条氏が関東を牛耳ることになり、家康が入城するまでの約１００年、江戸城は打ち捨てられ、江戸は草ぼうぼうになっていたのか。おそらく違う。江戸城も江戸湊も関東の重要な拠点として後北条氏が管理し、支城として利用されていたようなのだ。

歴史学者の齋藤慎一は後北条時代の江戸をこう描写している。

「江戸がターミナルとなって人や物資が動いていた。戦陣などにさいして江戸から岩槻・河越・勝沼（青梅）のほか、葛西《かさい》・佐倉・小金・関宿《せきやど》などの房総方面へと人や物資が動いていった」（『中世を道から読む』）

前述の岡野教授も、太田道灌が江戸城を築いて以降の江戸の地は後北条氏によって関東地方のさらなる重要拠点として発展していた、と記している。しかも、家康が秀吉に関東行きを命じられる前から江戸の様子を「あらかじめ」知っていて拝領した可能性を示唆《しさ》している。江戸入城の７年前、「天正十一年（一五八三）の夏、家康が娘の督姫《とくひめ》を北条氏直《うじなお》に嫁がせている」（『家康はなぜ江戸を選んだか』）というのだ。

この説に従うならば、家康は、秀吉によって全く見知らぬ江戸の土地へ突然「転勤」させられたわけではなく、最初から江戸の潜在能力をある程度見抜いていた可能性がある。利根川と荒川、入間川という巨大河川の河口に位置し、江戸湾の最奥《さいおう》に位置する江戸こそは、関東のそして日本の中心に据えるのにふさわしい場所である、と。

家康は江戸に幕府を構えた。大坂でも京都でもなく、後北条氏の拠点である小田原でも、かつて幕府のあった鎌倉でもなく、国府のあった府中や市川でもなく、有力大名が拠点とした河越でも足利でもなかった。その判断が正しかったことは、江戸幕府が265年に渡り繁栄し、明治維新以降現在に至るまで東京が世界最大規模の都市であり続けていることからも明らかである。

ただし、家康と江戸幕府は、関東と江戸の歴史を意識的にリセットし、家康が寂れた江戸城に入城して新しい江戸という大都市をつくった「英雄伝説」を一人歩きさせた。古狸《ふるだぬき》、といわれるだけのことはある。

こうして、江戸を頂点とした地理的なヒエラルキーが生まれた。江戸・日本橋を起点に東海道、甲州街道、中山道、日光街道（奥州街道）を放射状に伸ばした。重要な政府機能や幕府の重鎮たちの住まいは江戸城の周囲に配置し、有力大名の屋敷はその周りの台地に置いた。外様《とざま》大名の住まいはその外側だ。『翔んで埼玉』で描かれた「東京＝江戸の中心が一番都会で、そこから周縁に行くほど田舎」という「都会指数」のイメージは、江戸時代初期に家康や幕府によって設定されたのだ。

では、江戸時代以前、関東の中心はどこだったのか？　太田道灌が江戸城を築いたのは1457年のことだ。平安末期に江戸氏が同地に住み着いたが、そのときの関東の中心、いや一時期は日本の歴史の中心に躍り出た16号線エリアの街がある。
源頼朝が幕府を設立した鎌倉だ。

16号線の関東武士が頼朝の鎌倉幕府を支える

源頼朝は、挙兵してからわずか2カ月ほどで関東の武士たちをまとめあげ、平氏を倒し、征夷大将軍となり、京都から半ば独立した鎌倉幕府という武家政権を日本で最初に誕生させた。その頼朝が関東武士たちを味方につけていった道筋は16号線エリアと重なっていた。

頼朝の父、源義朝《よしとも》は、平治の乱（1159）で平清盛に敗れると尾張国に敗走し、家人に裏切られ殺される。伊豆半島の蛭《ひる》ヶ小島《こじま》に流された頼朝は、20年間の流刑《るけい》期間中に武芸と勉学に励む一方で、密《ひそ》かに京や関東の情報を入手し続ける。そして平家側のお目付役であり地元の有力豪族、北条時政《ときまさ》の娘である政子《まさこ》と結婚し、力を蓄えた。

1180年8月17日、頼朝は関東武士に呼びかけて挙兵し、義父である北条時政ら300騎とともに伊豆国目代《もくだい》の山木兼隆《かねたか》を討った。地図4（185頁）をご覧頂くとその動きは一目瞭然《りょうぜん》だ。8月20日、伊豆から相模国、現在の小田原に出るものの、平氏側の大庭景親《おおばかげちか》の軍勢に石橋山の戦いで敗れ、わずか7騎で箱根を経由し、真鶴《まなづる》岬から小船で出航した。そして8月29日、味方の三浦氏の勢力圏だった房総半島の南部安房国猟島（現在の鋸南《きょなん》町竜島）に上陸する。

ここからの動きが実に素早い。頼朝は、千葉の先端から鎌倉までをわずか1カ月半で走り抜け、その間に関東南部の武士たちをあっという間に束ねてしまう。

まず、上総国（国府は市原）の上総広常、下総国（国府は市川）の千葉常胤《つねたね》を味方につけ、安房、上総、下総の3国を配下に置き、2万騎を率いて、10月2日には隅田川を渡って武蔵国に入った。

次に葛西氏、豊島氏、足立氏、江戸氏、河越氏、畠山氏（こうして並べてみると、現在の東京の地名の多くが平安末期の豪族の名であることに気づかされる）ら武蔵国の豪族を次々と配下に引き入れる。そして、国府のある府中に到着したのち、鎌倉街道の上道《かみつみち》と呼ばれるルートを辿《たど》り、10月6日、頼朝は、父義朝がかつて住んだ鎌倉に到着する。

以上、房総半島から頼朝が歩んだ道筋は16号線エリアである。房総半島の東京湾沿いも、府中から鎌倉へ向かう道もそうである。道灌の項で述べた通り、関東武士たちの拠点の多くは小流域地形のてっぺんだった。彼らをまとめようと頼朝が動いた道は、のちに鎌倉街道の一部になる。

地図 4

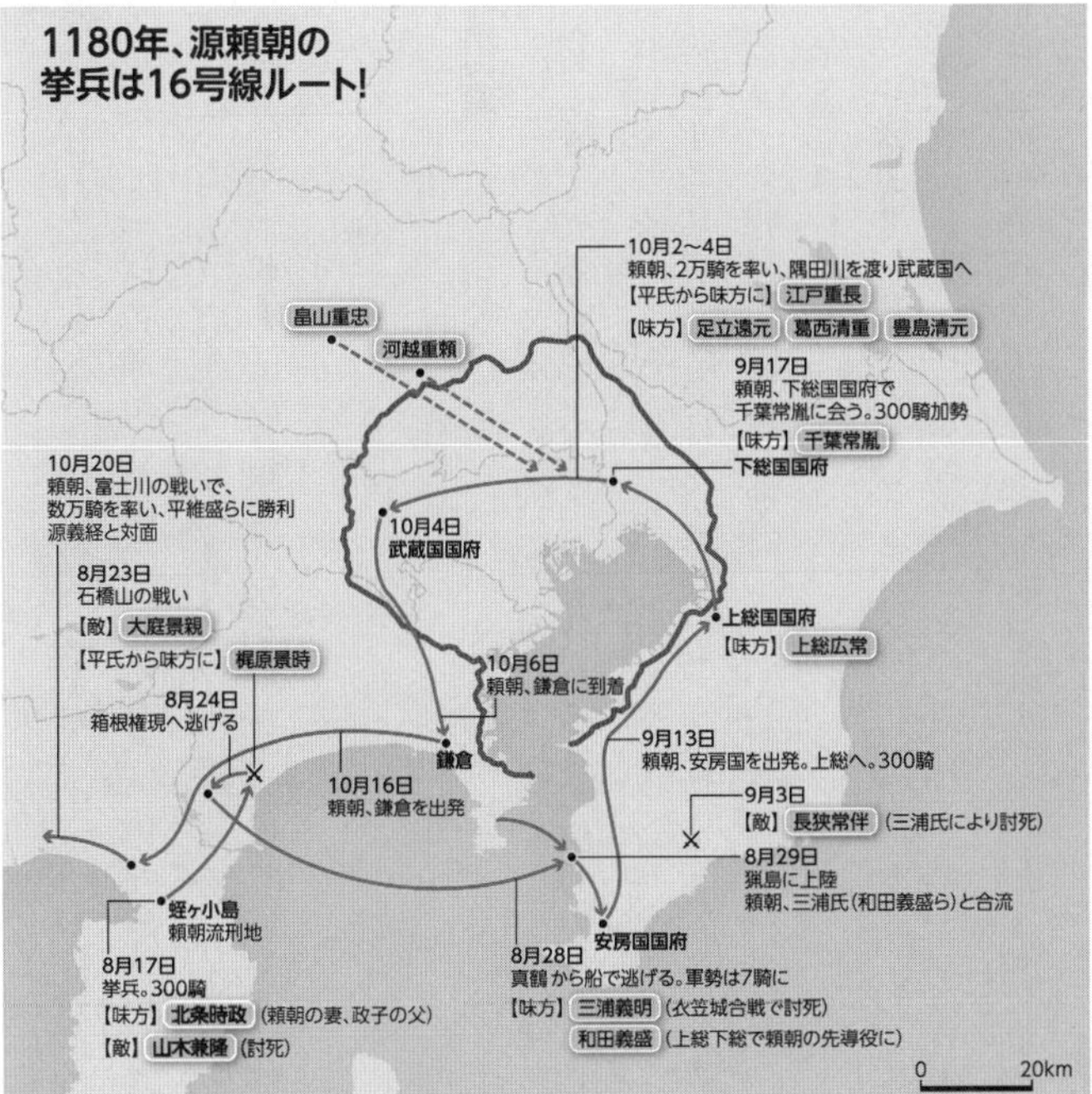
1180年、源頼朝の
挙兵は16号線ルート!
10月2〜4日
頼朝、2万騎を率い、隅田川を渡り武蔵国へ
【平氏から味方に】江戸重長
【味方】足立遠元 葛西清重 豊島清元
畠山重忠
河越重頼
9月17日
頼朝、下総国国府で
千葉常胤に会う。300騎加勢
【味方】千葉常胤
下総国国府
10月20日
頼朝、富士川の戦いで、
数万騎を率い、平維盛らに勝利
源義経と対面
10月4日
武蔵国国府
8月23日
石橋山の戦い
【敵】大庭景親
【平氏から味方に】梶原景時
上総国国府
【味方】上総広常
10月6日
頼朝、鎌倉に到着
8月24日
箱根権現へ逃げる
9月13日
頼朝、安房国を出発。上総へ。300騎
鎌倉
10月16日
頼朝、鎌倉を出発
9月3日
【敵】長狭常伴（三浦氏により討死）
8月29日
猟島に上陸
頼朝、三浦氏（和田義盛ら）と合流
蛭ヶ小島
頼朝流刑地

8月17日
挙兵。300騎
【味方】北条時政（頼朝の妻、政子の父）
【敵】山木兼隆（討死）

安房国国府
8月28日
真鶴 から船で逃げる。軍勢は7騎に
【味方】三浦義明（衣笠城合戦で討死）
和田義盛（上総下総で頼朝の先導役に）
0 20km

10月16日、頼朝は休むことなく鎌倉から数万騎を率い、かつて自分が幽閉されていた伊豆・蛭ヶ小島にほど近い黄瀬川《きせ》（沼津）に到着した。甲斐の武田信義《のぶよし》と合流したのち、10月20日には富士川で平維盛《これもり》と合戦し、これに勝利する。石橋山の戦いで敗れてからたった2カ月弱で、頼朝は16号線エリアを歩むことで関東での政権基盤を奪取した。

馬と水運と鎌倉街道

政権を鎌倉に打ち立てた頼朝と幕府が力を入れたのは、権力の道をつくることだった。大和朝廷が七道をつくったように、鎌倉幕府は鎌倉街道を整備して、この街と地方をつないだ（地図4と5参照。前者は『頼朝と街道』［木村茂光《しげみつ》著、吉川弘文館］など、後者は『大道 鎌倉時代の幹線道路』［岡陽一郎著 吉川弘文館］、『鎌倉街道伝説』［宮田太郎著、ネット武蔵野］などを参考に作成した）。

鎌倉街道は1本ではなく、複数の道から成り立っている。メインルートは、町田から入間を経て高崎に至る上道、溝口《みぞのくち》から渋谷を経て岩槻、古河《こが》に至る中道《なかつみち》、横浜の金沢から品川を経て柏、常陸国国府に至る下道《しもつみち》の3本だ。これに甲州に向かう道、秩父

地図5

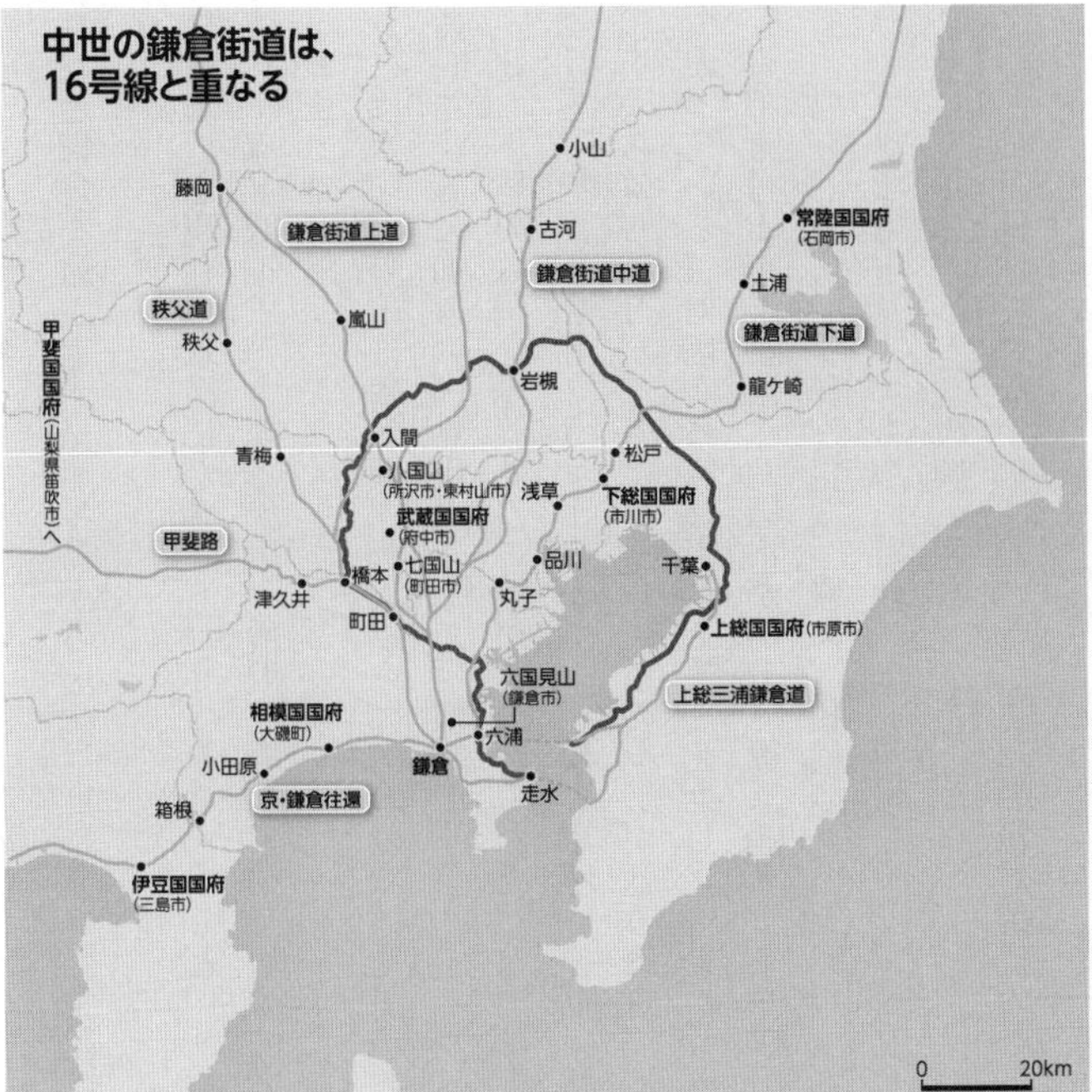
中世の鎌倉街道は、
16号線と重なる
小山
藤岡
鎌倉街道上道
古河
常陸国国府
(石岡市)
鎌倉街道中道
土浦
秩父道
嵐山
鎌倉街道下道
秩父
甲斐国国府（山梨県笛吹市）へ
岩槻
龍ケ崎
入間
松戸
青梅
八国山
(所沢市・東村山市)
浅草
下総国国府
(市川市)
武蔵国国府
(府中市)
甲斐路
品川
千葉
橋本
七国山
(町田市)
津久井
丸子
町田
上総国国府(市原市)
六国見山
(鎌倉市)
上総三浦鎌倉道
相模国国府
(大磯町)
六浦
小田原
鎌倉
走水
京・鎌倉往還
箱根
伊豆国国府
(三島市)
0
20km

へ向かう道、京都と鎌倉を結ぶ道、三浦半島から房総半島に渡り、常陸国に抜ける道の４本が加わる。

以上複数の鎌倉街道を現在の地図にかさねあわせてみる。すると、千葉と神奈川の東京湾側、町田、相原、八王子、入間、狭山、所沢、岩槻、柏を通っているとわかる。いずれも16号線エリアの街だ。

さらに、鎌倉には六国、町田には七国、所沢と東村山の境には八国がある。六国とは、鎌倉市高野にある六国見山《ろっこくけんざん》のことだ。標高１４７メートル。伊豆、相模、武蔵、安房、上総、下総の六国を見渡せることからつけられた。七国は東京都町田市の七国山《ななくにやま》を意味する。標高１２８・５メートルで、相模、甲斐、伊豆、駿河、信濃、下野《しもつけ》、上野《こうずけ》を頂上から望むことができた。鎌倉街道の上道が通る鎌倉、七国山、府中、所沢、高崎と繋《つな》がっている。七国から鎌倉街道上道で北上し、埼玉県所沢市まで到達すると、隣の東京都東村山市をまたぐ八国山《はちこくやま》がある。標高90メートル弱の八国山からは、上野、下野、常陸、安房、甲斐、信濃、駿河、相模の八国を眺められたという。

飛行機もヘリコプターもドローンもない時代、広い地域を一度に見渡せる場所は、軍事的にも政治的にも重要だった。六国（鎌倉）、七国（町田）、八国（所沢）が、鎌倉街道で繋がっているのは偶然ではないはずだ。そしてこの鎌倉街道の一部は現在の16

号線に受け継がれていく。

道の発達に欠かせないのが馬である。第2章にも記したように、16号線エリアには複数の台地と大型河川、そして東京湾という内海と、三浦半島と房総半島のリアス式海岸がある。この地理的条件がもたらしたのが、関東における馬の育成と水運の発達だった。

日本に中国から朝鮮半島を経て馬と騎馬文化がもたらされたのは古墳時代の4世紀末から5世紀前半といわれる。のちの大和朝廷となる倭《わ》王権は、各地で馬の育成に務めるが、5世紀以降、馬の放牧に適した台地地形が豊富な関東は、早くも馬の産地となっていく。畿内の倭王権、そしてのちの大和朝廷は、関東で古墳群をつくった勢力となんらかの政治的やりとりを行い、各地で馬を育てさせるようになる。

続日本紀《しょくにほんぎ》によれば、文武天皇は700年、諸国に馬を育成させる牧場、いわゆる「牧」地を定め、707年には23カ国に馬や牛に押す焼印が供給されたという。そして律令の定めにより、諸国には、馬や牛を育てる「牧」が設けられ、その管理は国司が行った。武蔵国には4カ所の牧があり、1つの牧には百～数百の馬が育てられた。

そしてこの牧をつくるのにちょうどいいのが台地の縁の小流域地形だった。水場が用意できるうえに、流域地形ごとに柵を設け、馬を管理できる。かくして、16号線エリアでは、古代から中世にかけて馬がさかんに育成された。そしてこの馬とともに発達したのが、のちの武士団である。10世紀後半から11世紀にかけて、朝廷が管轄《かんかつ》していた牧は、次第に「民営化」され、現地の豪族たちが経営するようになっていった。彼らは馬術と弓の技を磨き、武士へと「進化」していく。

頼朝が決起したとき、16号線エリアで数々の豪族たちがあっという間に結集した背景には、台地と小流域に馬術に長《た》けた武士団が多数育っていたからである（『横浜の野を駆ける〜古代東国の馬と牧』横浜市歴史博物館、2019）。

2022年放映のNHK大河ドラマ『鎌倉殿の13人』の舞台となった地の多くも、現在16号線が通っているエリアだ。

頼朝は水運の重要性を認識していた。支えになったのが、強力な水軍を抱える三浦氏だ。三浦半島を中心に勢力を誇っていた三浦氏は急峻《きゅうしゅん》な山谷が続く半島で馬を駆り、相模湾や東京湾、時には伊豆七島までをまたにかけて自在に船を操った。

真鶴岬から船で逃れた頼朝を救い、房総半島で出迎え、現地の豪族たちと交渉する下地を作った三浦氏がいなければ、頼朝は挙兵どころか早々に命を落としていてもおかしくなかっただろう。

三浦氏は平氏追討でも大活躍した。平氏の軍勢を断崖《だんがい》絶壁の上から馬で奇襲したと言われる一ノ谷の合戦でも、最初に馬で崖《がけ》を駆け下りたのは三浦氏の一門、佐原義連《さわらよしつら》だった。崖のような山から馬で谷に降りるのは、彼にとってみれば日常茶飯事だったろう。壇ノ浦の合戦でも海での戦いの得意な三浦氏は活躍した。

頼朝と鎌倉幕府は、鎌倉を中心に鎌倉街道という交通・物流のインフラを整備し、相模湾、三浦半島、房総半島そして東京湾内の水運を重視した。物流と兵站、すなわちロジスティクスが政治と軍事と経済を制する、という戦略思考がそこにはあった。のちに太田道灌が江戸城と江戸湊で実行した戦略は、２５０年前に頼朝が鎌倉ですでに実践していたのだ。

ちなみに道としての「16号線」を日本史上最初に利用した人物は、伝説上の人物である。

日本武尊《やまとたけるのみこと》が東征のために東海道を通って関東までやってきたときに現在の16号線エリアを通っているのだ。東海道は、かつては江戸を通っておらず、鎌倉から三浦半島の尾根を越えて、16号線のスタート地点横須賀・走水を抜け、船で東京湾を渡り、対岸の16号線のゴール地点富津に上陸したあと、16号線と同じように海岸沿いを走って国府のある市原を経て、成田から常陸国の石岡へ至っていた。

伊勢から東海道を抜けて関東にやってきた日本武尊は、横須賀・走水で船に乗る。

走水神社には日本武尊ゆかりの伝説が残っている。軍船で東京湾を渡る際、嵐《あらし》に遭ったのだ。御后の弟橘媛命《おとたちばなひめのみこと》が「さねさし　さがむのをぬに　もゆるひの　ほなかにたちて　とひしきみはも」と御歌を残し、海中に身を投じると嵐は収まり、日本武尊一行は富津に上陸した。

第2章で詳述したように、関東には16号線エリアの「小流域地形」を利用して古くから数多くの人々の暮らしがあった。畿内に朝廷が成立すると奈良や京都の都と関東が街道で結ばれた。そのときの関東の国府が置かれたのは、千葉の市原をはじめ16号線エリアと重なる場所だった。平安時代末期、関東武士たちの力を利用して、源頼朝は鎌倉に幕府をおいた。鎌倉から地方へと伸びる鎌倉街道の一部も現在の16号線のルートと重なっていた。

室町時代中期、鎌倉と16号線エリアの複数の城を拠点とし、巨大河川の河口の岬に江戸城を建てた太田道灌は、江戸という中心と環状道路＝16号線という、首都圏の地理的な政治構造を具現化した。

最後に徳川家康は江戸に幕府を置き、江戸を中心とするまちづくりを完成させた。鎌倉時代には関東の中心となった16号線エリアは江戸の周縁になった。この都市の構造は現代の東京に受け継がれている。

日本史の教科書に描かれない関東の歴史

関東には連綿と紡がれた歴史があり、とりわけ武士のそれは分厚い。重要な役割を果たした場所の多くは16号線エリアにある。鎌倉もそのひとつだった。そして、江戸は太田道灌が見出《みいだ》し、家康によって日本の中心となった──。

以上の話は、秘史でもなければ、衝撃の事実でもない。もちろん私の思いつきでもない。文中および巻末のリストに記した新書や一般書籍、あるいは論文や各種記事で、数多くの専門家の方々が書かれているものを、まとめ直しただけである。

にもかかわらず、今でも多くの人が、江戸時代より前の関東には大した歴史がなかったと思い込んでいる。その裏には、第2の「容疑者」がひそんでいる。その「容疑者」とは、高校の日本史教科書だ。

高校時代、山川出版社の「日本史」の教科書で勉強させられた私の記憶では、鎌倉幕府の話を除くと、江戸時代より昔の関東の記述はほとんどなかった。そこで、現代の「山川の日本史」で確かめてみることにしよう。こちらの教科書の高校での採択率は毎年6割前後という。日本の高校生の多くが山川の日本史で学ぶわけだ。

『改訂版 詳説日本史 日本史B』は、2019年3月5日発行の版である。ほぼ40年ぶりに山川の日本史を開き、全頁《ページ》確かめてみた。

結論は私の記憶通りだった。鎌倉時代を除くと、弥生時代から江戸時代まで、関東地方の歴史に割かれている頁はきわめて少ない。実際に抜き出してみよう。

①旧石器から縄文時代　8頁中5頁

日本の歴史の最初期は関東の話が結構出てくる。3万数千年前、人類が日本にやってきた旧石器時代から縄文時代にかけての話では、関東を含む日本全国各地の遺跡が取り上げられているし、16号線から5キロ圏内の千葉県・貝の花貝塚（松戸市）が詳細な図とともに例示されており、大島、八丈島と関東圏との交易の話も載っている。

②弥生時代から古墳時代　19頁中6頁

弥生時代になると、関東の記述がぐんと減る。「弥生」時代の由来となったのは東京・文京区の向ヶ岡貝塚から出土した土器だが、そのエピソードは、本文ではなく注釈で2行触れられているだけ。古墳時代になると、記述はさらに「近畿中心」「西日本中心」になる。関東にはたくさんの古墳があったのだが、「終末期古墳としては最大の千葉県龍角寺岩屋古墳《りゅうかくじいわや》（方墳、一辺80ｍ）や栃木県壬生車塚古墳《みぶくるまづか》（円墳、径80ｍ）なども、国造《くにのみやつこ》に任じられた東国豪族が営んだものと考えられている」と表記されているだけである。

③　飛鳥時代、奈良時代、平安時代　51頁中２・５頁

律令国家が形成され、推古天皇や聖徳太子ら馴染《なじ》みの名前が登場する飛鳥時代以降、記述は完全に畿内中心となり、関東の歴史はほぼ出てこない。文化の記述も奈良や京都が中心だ。奈良時代を経て平安時代に入ると、坂上田村麻呂《さかのうえのたむらまろ》が征夷大将軍となって８０２年に東北制圧に乗り出す様子が１頁だけ地図つきで載っている。が、関西から東北制圧の途中で通ったはずの関東は地図にすら掲載されていない。

平安時代の半ばになると、関東の重要人物、平将門《まさかど》が「武士の誕生」とともに登場する。桓武《かんむ》平家の血を引く将門は下総を中心に暴れまわり、常陸、下野、上野と関東北部の国府を落とし、「新皇」と名乗った。９３９年に起きた「平将門の乱」だ。２頁後では16号線沿いの首都圏の歴史に３行ほど触れる。房総半島で１０２８年に起きた平忠常《ただつね》の乱だ。忠常は、常陸、下総、上総で権勢を振るっていた平氏の一門で、房総半島南部の安房国の国府を襲い、対立関係にあった安房守平惟忠《これただ》を殺す。このとき

忠常の軍勢は房総半島を北から南まで下っている。忠常の乱を朝廷の命で鎮圧したのが源頼信《よりのぶ》だ。源氏が関東に出てくるきっかけを作ったわけだ。以上が平安時代の関東の全記述である。全部で実質2頁強程度である。

④平安末期から鎌倉時代　34頁中25頁

次に関東が登場するのは、伊豆に流された源頼朝の登場、鎌倉幕府の成立を待たねばならない。鎌倉時代については流石《さすが》に25頁を割いている。

⑤室町時代　35頁中1頁相当

1333年に鎌倉幕府が新田義貞《にったよしさだ》に滅ぼされ、幕府が京都に移されると、関東の記述はグッと減ってしまう。鎌倉幕府滅亡後も多数の武士たちが関東では権勢を振るい続け、その力も強かった。室町幕府を開いた足利尊氏《たかうじ》も当初鎌倉を占領した。室町幕府は鎌倉府を置き、足利将軍家の血筋である足利基氏《もとうじ》を鎌倉公方《くぼう》に据え、補佐役の関東管領《かんれい》として上杉氏を配置した。室町幕府による関東シフトである。すでに関東は京都と並び日本の政治の未来を握る重要な地域だったからだ。それでも、関東の歴史についての記述はたった5行にすぎない。

その後も関東では武士主導の騒乱が次々と起こる。戦国時代は関東の数々の騒乱から発生したという専門家の意見が近年は目立ってきている。『詳説日本史』では1467年に京都で起きた「応仁の乱」が戦国時代の幕開けとしているが、峰岸純夫《みねぎしすみお》東京都立大学名誉教授は、『享徳の乱』（講談社選書メチエ、2017）の中で、戦国時代は応仁の乱より13年早く、1454年の関東の大乱「享徳の乱」から始まっており、応仁の乱は享徳の乱が波及して起きた、と記している。

室町時代、関東では有力な武士が群雄割拠していた。その証拠が16号線沿いにある多数の城だ。すでに本章で何度も登場している河越城や江戸城をつくった太田道灌は、城作りの名手として知られていた。が、その道灌の名前は教科書にない。関東の騒乱も「関東では、享徳の乱を機に、鎌倉公方が足利持氏の子成氏《しげうじ》の古河《こが》公方と将軍義政《よしまさ》の兄弟政知《まさとも》の堀越《ほりごえ》公方とに分裂し、関東管領上杉氏も山内・扇谷の両上杉家にわかれて争っていた。この混乱に乗じて15世紀末、京都からくだってきた北条早雲（伊勢宗瑞）は堀越公方を滅ぼして伊豆を奪い、ついで相模に進出して小田原を本拠とし、子の北条氏綱《うじつな》、孫の氏康《うじやす》の時には、北条氏は関東の大半を支配する大名となった」と6行でおしまいである。

⑥　戦国時代＝安土桃山時代　14頁中1行

次に関東が登場するのは100年後の戦国時代＝安土桃山時代である。ただしたった1行。「1590（天正18）年には小田原の北条氏政《うじまさ》・氏直父子を滅ぼし（小田原攻め）」と、豊臣秀吉の天下統一の一エピソードとして登場するだけだ。

⑦　江戸時代　79頁

1590年に後北条氏を小田原城で攻め落とした後、豊臣秀吉の命で、一夜にして三河・遠江・駿河・甲斐・信濃から関東に「転勤」させられ、後北条氏が支配していた江戸城に入城する家康の話も、「山川の日本史」はあっさり記述している。「織田信長と同盟し、東海地方に勢力をふるった徳川家康は、豊臣政権下の1590（天正18）年、北条氏滅亡後の関東に移され、約250万石の領地を支配する大名となった」とあるだけだ。

家康が江戸城に入り、京都や大阪ではなく江戸に幕府をつくったエピソードは、日本の歴史の転換点となる話のはずだが、『詳説日本史』には、「1603（慶長8）年、全大名に対する指揮権の正統性を得るため征夷大将軍の宣下を受け、江戸に幕府を開いた」とあるのみ。家康が江戸城にどう入城したか、当時の江戸城や江戸がどんな様子だったかは一切描かれていない。

山川の『詳説日本史』には、江戸時代以前の関東の歴史についての情報がきわめて少ないことがわかった。家康がやってくる前の関東や江戸の様子はいっさい書いていないし、室町時代の関東の騒乱についての記述も少ない。江戸城をつくった太田道灌に関しては名前すら出ていない。充実しているのは鎌倉時代に関する記述のみだ。日本史の教科書の情報だけで日本史を学ぶと、徳川家康が江戸幕府を開くまで関東はさびれたままで、江戸時代になって初めて栄えた、中心は江戸であり、周辺は田舎である、と勘違いしてしまうだろう。かくして私たちは、中世までは東京都心より都会だった埼玉や千葉のほうが東京よりダサいと思い込まされ、映画『翔んで埼玉』の埼玉自虐《じぎゃく》ギャグを見て、大笑いしてしまうわけだ。

それでも、関東の古い歴史に正しい視線を向けようという動きが確実に出てきている。2020年、江戸東京博物館に足を運んでみた。館内表示にはこうあった。

「江戸のすがた〈江戸〉という地名は地形的に『入江の門戸』にあたっていたからという説が有力である。1590年（天正18）、関東に移封された徳川家康は、この地を本拠地として、かつて太田道灌が江戸に城を築いて以来の繁栄を継承しつつ、広大な後背地と水運の便を活用して、ここに新しい城と城下町の建設を開始した」
「江戸の風景 徳川家康が関東に入った直後の江戸は、太田道灌による江戸築城以来の繁栄を継承しつつも、なお、埋め立て前の日比谷入江が大きく口をあけ、隅田川河口のところどころに湿地帯が広がる風景であった」

江戸博の展示では、開館当初と異なり、太田道灌の江戸城の築城後から江戸の地が繁栄するようになり、その繁栄は家康がやってくるまで続いていた、と明確に記していた。30年弱で、家康以前の江戸の認識が専門家のあいだで大きく変わったことが、この目で確かめられた。

16号線エリアを中心とする関東の歴史を、古代から近世に至るまで追跡するのは容易ではない。畿内の朝廷のような政治的中心がなかったために、圧倒的に文献資料が欠けているからだ。畿内に倭王権から大和朝廷が成立していく古墳時代、16号線エリアにもたくさんの古墳が造られ、おそらくはかなり強大な勢力が割拠していた。けれども、遺跡以外には文献資料がないために、どんな政治勢力だったのか、はっきりしたことはわからない。

日本最古の歴史書である日本書紀と古事記には、富士山の記述がないという。万葉集になると富士山を織り込んだ歌が見られるし、聖徳太子には富士山登頂の伝説があるにもかかわらず、である。富士山信仰を持った独自の勢力が関東にいたのかもしれないが、なにせ文献がないため推理はできても、証明は困難である（『古事記はなぜ富士を記述しなかったのか　藤原氏の禁忌』戸矢学、河出書房新社、２０１９）。

それでも、数多くの研究者たちの努力により、いずれ古代から16号線エリアが栄えていたことが、江戸博で特集展示され、山川出版社の教科書『詳説日本史』で解説される日がくるかもしれない。

第5章　カイコとモスラと皇后と16号線

皇后が引き継ぐ宮中養蚕《ようさん》の伝統

２０１９年５月１日。平成が終わり、日本の元号は令和となった。

遡《さかのぼ》ること１年前の２０１８年５月13日、のちに皇后陛下になられた雅子《まさこ》皇太子妃殿下は、現天皇陛下であられる徳仁《なるひと》皇太子殿下、敬宮《としのみや》愛子内親王殿下と家族３人で、皇居内の「紅葉山御養蚕所」を訪れた。

出迎えたのは、当時の天皇陛下、皇后陛下である。皇后陛下になられるにあたって、雅子妃殿下は美智子皇后陛下からある「仕事」を引き継ぐことになっていたのだ。

「仕事」とは、「蚕《カイコ》のお世話」である。

紅葉山御養蚕所では、桑の葉を餌《えさ》とする3種の家蚕《カイコガ》と、クヌギの葉を餌とする天蚕《ヤママユガ》を12～15万頭飼育している。蚕の餌として、皇居内では6000平方メートルの桑畑に加え、約80本のクヌギが栽培されている。

明治維新から3年後の1871年、明治天皇の皇后である美子《はるこ》皇后（のちの昭憲《しょうけん》皇太后）が、宮中で養蚕を始めた。以来、皇居では、皇后が毎年蚕のお世話をするのが慣わしとなった。明治から大正、大正から昭和、昭和から平成、そして平成から令和と、伝統は途切れることなく続いている。この日の訪問は、お仕事の引き継ぎのいわば下準備だった。

皇室における皇后の蚕のお世話については、『皇后さまとご養蚕』（扶桑社、2016）が詳しい。カバーには美智子皇后陛下自らが蚕の繭《まゆ》を収穫する写真（左上）が載せられている。

なぜ、歴代の皇后は蚕のお世話を欠かさず続けているのか？

モスラが伝える日本の近代と蚕の関係

1961年、巨大昆虫が日本の上空を舞った。その名は「モスラ」。翼長250メートルの世界最大の昆虫である。この年、東宝の怪獣映画シリーズの最新作として公開された。1954年に『ゴジラ』が大ヒットして以来、東宝は怪獣映画を量産したのだ。

『モスラ』が他の怪獣映画と異なるのは、まず、主人公のモデルが、イモムシとその成虫である蛾《が》、というところだ。ゴジラが恐竜を、ラドンが翼竜を、キングギドラがヤマタノオロチを、といかにも怪獣なのに比べ、巨大な蛾とイモムシを怪獣映画の主人公に据えるのはかなり突拍子もないアイデアである。

しかもモスラは、怪獣にもかかわらず一貫してベビーフェイス＝正義の味方である。その後のさまざまなゴジラシリーズに登場する際も人間を助けてくれる存在だ。

さらに、破壊の神ゴジラとは対極の、命育《はぐく》む創造の神モスラは、どことなくメス＝女性をイメージさせる。卵から孵《かえ》り、幼虫が育ち、繭の中で蛹《さなぎ》になり、成虫として羽ばたく。巨大なイモムシであるモスラの幼虫も、きいきい鳴きながら糸を吐く「かわいい」キャラクターだ。

巨大な蛾とイモムシ、おそらくメス＝女性。怪獣として異質な存在であるモスラは、映画公開と同時に熱烈な人気を獲得し60年近くにわたって人気キャラクターであり続けている。

モスラは明らかに「蚕」を意識しているキャラクターだ。幼虫のデザインと東京タワーにつくった繭は、カイコガの幼虫と繭そっくりである。目玉模様の羽を持つ成虫は、野蚕のヤママユガそのものだ。そして、明治時代からずっと皇居で皇后がお世話をしている「蚕」は２種類、カイコガとヤママユガなのである。

皇后の宮中養蚕と蚕をモデルにした怪獣モスラ。日本人にとって「蚕」は特別な存在である。そして国道16号線は「蚕」と切っても切れない縁がある。この道は前述したように日本の近代をつくった「絹の道＝シルクロード」なのだ。

蚕がいなければ、日本は「近代」を迎えることはできなかった。生糸が明治維新以降の殖産興業と富国強兵の礎《いしずえ》となったからである。

１８５３年、ペリーの黒船来航をきっかけに、日本は欧米諸外国から開国を迫られた。59年、江戸幕府は箱館《はこだて》、横浜（神奈川）、長崎を相次いで開港し、鎖国政策を事実上解いた。のちに68年には神戸（兵庫）、69年には新潟が開港する。

そのときの日本の主な輸出産品が、生糸、蚕種《さんしゅ》（蚕の卵）、茶の３つだった。なかでも日本の生糸は、供給が不足していた世界を席巻《せっけん》する輸出産品に瞬時に躍り出た。1860年代には早くも生糸と蚕種が日本の輸出額の8割以上を占めたという。この生糸ブームの裏には歴史的偶然が介在していた。

5000年前に中国で蚕の野生種が家畜化された。紀元前2世紀ごろには中国から西アジアへと向かう道ができ、絹が中国から運ばれるようになった。シルクロードである。中東からヨーロッパにかけても養蚕が盛んになり、絹織物が一大産業に発展した。

中国から日本に養蚕技術がもたらされたのもやはり紀元前2世紀ごろ、弥生時代だと言われている。大日本蚕糸会の公式サイトによれば、その後、日本では養蚕業が発展し、絹織物もたくさん作られ、室町・安土桃山時代には、中国から糸によりをかける撚糸《ねんし》の技術が伝わり、西陣織が誕生した*。それが江戸時代に入ると絹織物の原材料である国産生糸が不足し、中国から大量輸入した結果、支払いのためにあてた国内の銅が足りなくなる事態になった。このため、江戸幕府は改めて国内での養蚕を奨励したという。

日本が開国を迫られた19世紀中頃、世界の養蚕・生糸生産の中心は、中国と、シルク需要が巨大化したヨーロッパのフランスとイタリアだった。ところが1840年代、フランスでは蚕の病気である微粒子病が流行し、１８６０年代までにイタリアを含むヨーロッパの養蚕業が壊滅状態に陥った。蚕の原産国である中国＝清国は１８４０年から始まった英国とのアヘン戦争に敗れ、１８５１年には太平天国の乱が起きて疲弊していた。

日本が鎖国政策を解き、生糸輸出に踏み切ったのは、まさにそんなタイミングだった。開港したばかりの横浜では、駐留した欧米の商人たちが日本の生糸を争うように買い占めた。メイド・イン・ジャパンの生糸がいきなり世界的な注目を集めるようになったのはこのためだ。

明治維新以降、大正、昭和初期にかけて、生糸は日本最大の輸出産品であり続けた。１８７６年から１９３３年までの58年間、日本の輸出品のトップを維持したのだ。戦後の自動車や電子部品よりはるかに長い期間、日本の輸出を支えたのが生糸だった。戦時中は輸出がストップするが、戦後の復興期から高度成長期の手前までも、ふたたび外貨を稼ぐようになった。

明治時代の日本は、生糸で稼いだ外貨で鉄や機械や軍艦や兵器を購入した。生糸のおかげで殖産興業と富国強兵を同時に果たすことができ、先進国の仲間入りが出来た。日本の「近代」はイモムシの吐いた糸がつむいでくれたのだ（表2参照）。

では、16号線はどんな役割を果たしたのか？　生糸の生産地と世界をつなぐルートとなり、「日本のシルクロード」になったのである。

幕末の開国以来、日本の生糸のほとんどが横浜港から海外へ輸出された。明治初期にかけては主にヨーロッパ、1880年代からは主にアメリカが輸出先である。ときには世界最大の生糸輸出量を誇った＊（シルク・サミット2003 in 横浜「基調講演　横浜開港と生糸貿易」小泉勝夫、2003年10月9日）。

このとき日本各地から集まった生糸を集積して横浜港に送る中継地点となったのが八王子である。

八王子はもともと蚕の餌となる桑の名を冠して「桑都《そうと》」と呼ばれるほど養蚕業が盛んだった。各地から生糸が集積し、織物が生産された。養蚕の盛んな山梨や長野とは甲州街道でつながっており、北上すれば現在の群馬や栃木、新潟などの養蚕地に至る。江戸時代には、八王子に集積された生糸や加工された絹製品が江戸へと運ばれた。

幕末に横浜が開港し、欧米各国が生糸を欲するようになると、八王子から大量の生糸や蚕卵が40キロ離れた横浜港へと運ばれるようになった。このとき八王子と横浜を結んでいた街道はのちに「絹の道」と呼ばれるが、そのルートはすでに本書で何度も記しているように現在の16号線と重なる（地図6参照。地図は『多摩の百年　下　絹の

表2　生糸の輸出量、生産量

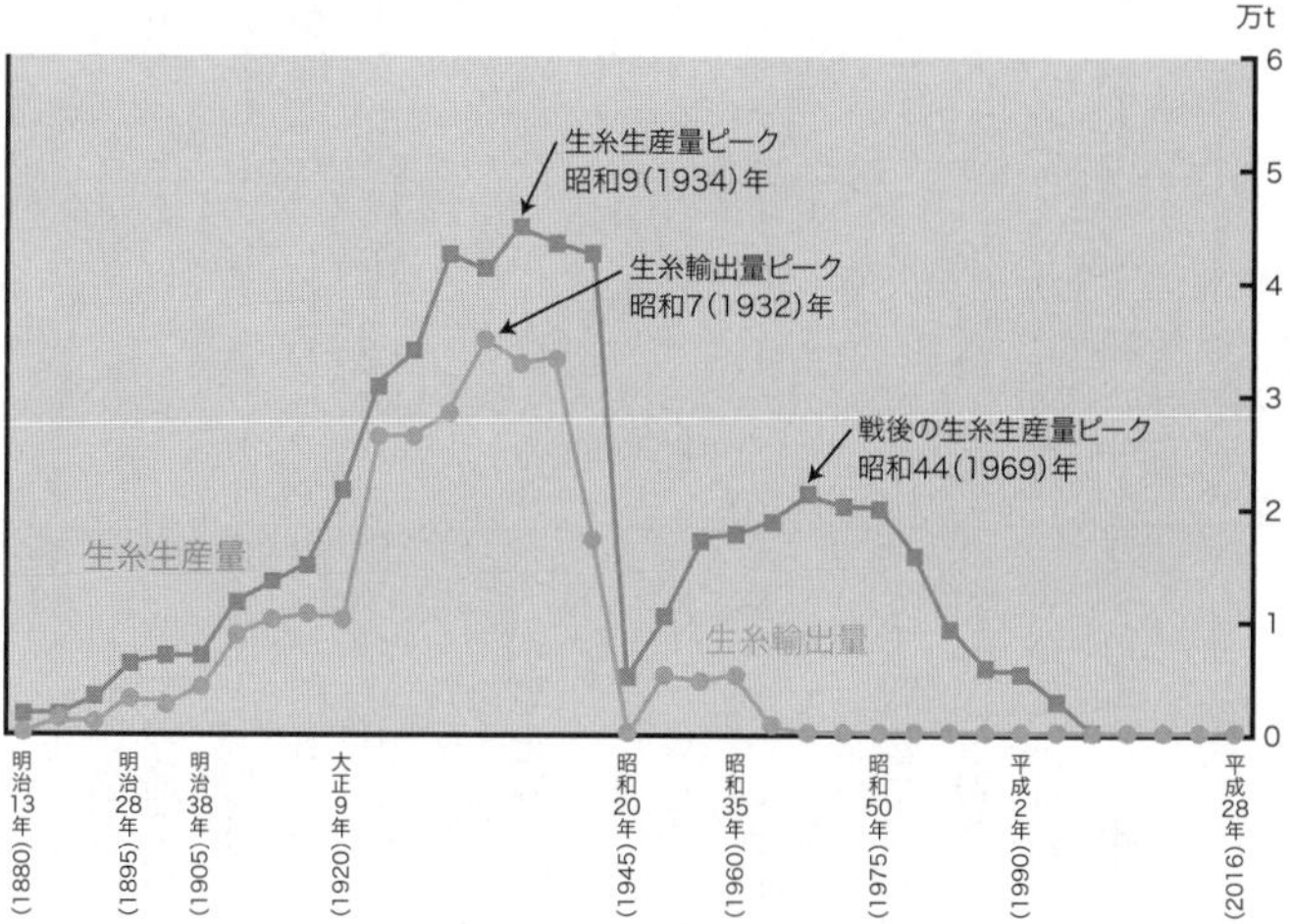

＊一般財団法人大日本蚕糸会調べを基に農水省が作成。同省ホームページより一部抜粋。

道』〔朝日新聞社〕等を参考に作成）。

生糸が重要な輸出産品に成長すると、「絹の道」の通る横浜から相模原、八王子、埼玉、千葉につながる現在の16号線エリアの台地と丘陵地の縁の「小流域地形」では、養蚕業を営む農家が増えた。もともと、火山灰が積もった日当たりの良い台地や丘陵は、水はけがよすぎるため稲作には向いておらず、山と谷が交互に連なるため大規模な畑にも適していなかった。しかし桑ならば栽培が可能だ。しかも小流域の谷戸は生糸生産に欠かせない清浄な水が手に入るうえ、水車を回すこともできる。いまも16号線エリアの台地や丘陵地には、桑畑が残っている。

旧石器時代から人々を引き寄せ、中世には武士が馬を育てて城を構え、近代になると軍港をつくり、台地が飛行場となった16号線エリアの地理的条件は、日本の発展に欠かせなかった養蚕業にとってもぴったりだったわけだ。

ちなみに「絹の道」という名は、第二次世界大戦後になってつけられた。もともとは八王子から横浜に向かう「浜街道」という名称が一般的だった。名付け親は郷土研究家の橋本義夫らだったという（『浜街道「絹の道」のはなし』馬場喜信、かたくら書店新書、2001）。八王子市の鑓水《やりみず》峠に今も残る古道に「絹の道」の石碑が建てられたのが1957年のことだ。

地図 6

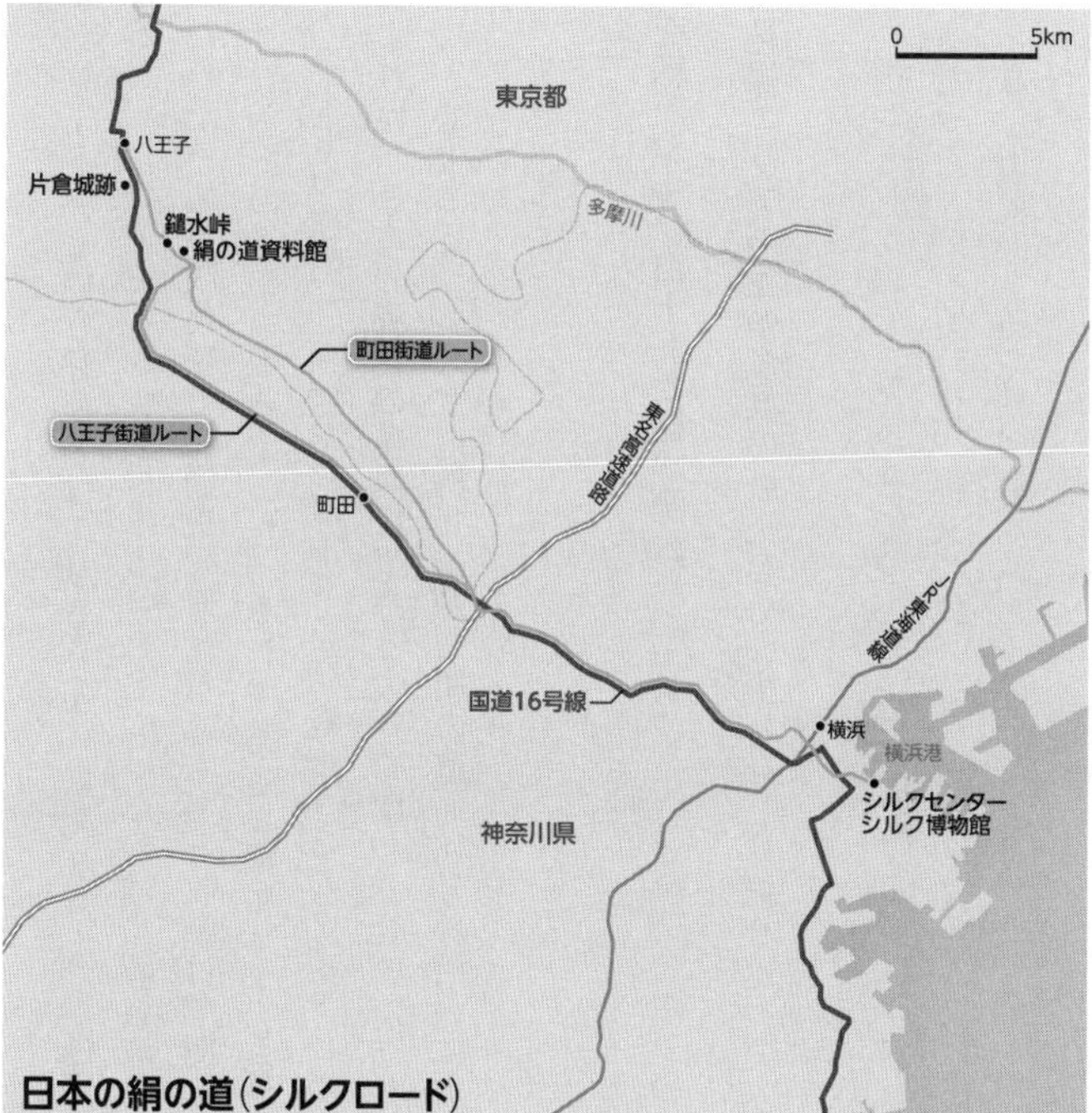
0
5km
東京都
八王子
片倉城跡
鑓水峠
絹の道資料館
多摩川
町田街道ルート
八王子街道ルート
東名高速道路
町田
JR東海道線
国道16号線
横浜
横浜港
シルクセンター
シルク博物館
神奈川県
日本の絹の道(シルクロード)

「日本のシルクロード」という呼び名は1960年代に生まれた。『多摩の百年　下絹の道』によると、この道を「シルクロード」と名づけたのは当時岩波書店に勤めていた牧野正久だった。切手収集家で交通史の研究者でもある牧野は、明治期の郵便事情から、シルクロードの考察を進めていた。そして雑誌『郵和』（1963年10月）で「日本シルク・ロードの究明」というレポートを発表し、このタイトルが定着した。牧野の研究によれば、日本の郵便の発展は生糸と大きく関わり合いがあり、郵便事業は横浜を起点にして生糸ビジネスと連携しながら絹の道＝16号線沿いに広がっていった、とある。

八王子と横浜を結ぶシルクロードと鑓水商人

絹の道＝16号線エリアの生糸産業の歴史をもう少し詳しく振り返ってみることにしよう。

まずは〝絹の街〟としての八王子の成り立ちからだ。有史以来、八王子は関東における交通の要所だった。旧石器時代、縄文時代、弥生時代の遺跡がみつかっている。鎌倉時代には、鎌倉街道の上道や秩父道が八王子の近くを通った。

室町時代から戦国時代にかけて、八王子城はじめいくつもの城が築かれた。八王子という地名は、1580年代、北条氏照《うじてる》が八王子権現《ごんげん》を祀《まつ》った神社にちなみ、自らの城を八王子城と名づけたのが由来の1つだという。

『蚕　絹糸を吐く虫と日本人』（畑中章宏《はたなかあきひろ》、晶文社、2015）によれば、氏照は『八王子八景』という和歌の一つで「蚕かふ桑の都の青あらし　市のかりやにさわぐもろびと」と歌っている。戦国時代から八王子近辺では養蚕が盛んだったことがうかがえる。

江戸時代に入ると、八王子は生糸や絹織物でさらに栄えた。東北・関東・甲信越の養蚕の盛んな地域から生糸が持ち込まれ、八王子で絹織物に加工され、江戸へ出荷された。たくさんの機織《はたお》り職人が移り住み、絹織物を生産した。周辺農家も桑を植え、さかんに養蚕を行った。八王子はいつの日からか「桑都」と呼ばれるようになった。

19世紀初期の文政年間、八王子南部の村、鑓水（やりみず、やりみち、とも）に現れたのが「鑓水商人」だ。幕末から明治初期にかけて、彼らが八王子と横浜とを結ぶ生糸ビジネスを支えた。

「幕末の天保十四年（一八四三）の幕府の調査によると、八王子周辺の三十四の村に四十七人の生糸商人がいて、そのうち十八人が鑓水村に集中していたという」（『蚕』）

鑓水は、16号線「御殿峠」の交差点から山野美容芸術短期大学の脇《わき》を東に入り、京王線の南大沢駅につながる山里である。八王子バイパスをくぐる短いトンネルを抜けると景色が一変する。雑木林に覆《おお》われた谷戸の自然が残り、道に沿って細い川が流れている。多摩川の支流、大栗《おおくり》川の源流部だ。その昔は丘陵の斜面に竹筒を鑓のように刺すと水が湧《わ》き出たといい、それが「鑓水」の由来らしい。

訪れたのは7月上旬、ニイニイゼミとミンミンゼミの鳴き声が聞こえる。川沿いの畑に植えられた栗の木に青々としてトゲトゲだらけの実が生《な》っている。田んぼが点在し、梅雨の頃にはホタルも飛ぶという。ひっきりなしに大型トラックが行き交う16号線の騒々しさとは打って変わった静かな場所だ。江戸末期にタイムスリップしたかのような景色である。

道中、細い道が左手の山へと分岐している。往時の「絹の道」の風情《ふぜい》が残る、木々に囲まれた未舗装の道が伸びていく。途中には「絹の道」の石碑が立っている。てっぺんが「鑓水峠」だ。文化庁選定の「歴史の道百選」に選ばれており、ハイカーにも人気のルートだ。峠を越えれば、そのまま八王子に抜ける。つまりこの古道が、オリジナルの絹の道＝16号線なのだ。

元の道に戻る。見事な石垣と木造の塀が並ぶ家屋がある。「絹の道資料館」だ。鑓水商人の1人、鑓水の石垣お大尽と言われた八木下要右衛門《やぎしたようえもん》の屋敷跡に建てられた。

石垣は150年前のままだという。ここでは、鑓水商人と八王子の生糸産業の歴史を学ぶこともできる。

資料館から南下して大栗川の橋を渡り、30分ほど歩けば京王線南大沢駅前の現代的な街に着く。第1章に登場した三井アウトレットパークも目と鼻の先だ。

往時の「絹の道」は大栗川を渡ってしばらく進んだところで二手に分かれ、丘陵地を抜ける「表街道＝町田街道」と、境川と並んで走る「裏街道＝八王子街道」となる。「絹の道資料館」の展示によれば、江戸幕府が公認していた横浜港へ絹を出荷する道は当初「表街道」のほうだった。ところが、世界中で生糸の供給が不足していたために、安い日本の生糸の人気はうなぎ上りになり、国内需要を賄《まかな》えないほど、輸出に回るようになった。あわてた江戸幕府は1860年に、生糸をはじめ5つの品を必ず産地から江戸に集めたのちに、横浜から輸出させる「五品江戸廻し令」を打ち出し、生糸の流通を規制しようとした。

そこで、鑓水商人をはじめ八王子の生糸業者は、バブル状態で儲《もう》けが見込める生糸をむざむざ江戸の問屋に渡すのは惜しいとばかりに、裏街道を使って横浜港に生糸を直接運び込み、大いに儲けたという。その裏街道のルートは現在の16号線とぴったり重なり合う。百数十年後の1990年代は、バブル崩壊後のディスカウント志向の消費の現場となる16号線だが、江戸末期には生糸バブルの道として名を馳《は》せていたのだ。表と裏の街道は現在の東名高速道路横浜町田インターチェンジと交差するあたりで再び合流し、16号線をなぞるように横浜港へと向かう（地図6参照）。

今はひなびた風情の鑓水だが、日本の近代経済の起爆剤となった生糸商人たちがどうやって登場したのだろうか。

『呪《のろ》われたシルク・ロード』（辺見じゅん、角川文庫、1980）は、幕末の生糸ビジネスを支える商人が鑓水から生まれた理由を大胆に推理している。

もともと鑓水は、養蚕以外の農業には適していない「貧しい」場所だった。小流域の谷戸地形は大きな田畑をつくるのには向いていない。このため、桑を植え、養蚕を行い、生糸を生産し、売りに行くようになった。兼業農家の中には、生糸の商いを一手に引き受ける者たちが現れ、商人として頭角を現すようになった。それが鑓水商人である。

彼らは1859年の横浜開港以前から、八王子の生糸を横浜からオランダ船に横流ししていたという。黒船で来航した米国のペリーはそれを知り、オランダに対抗して米国が日本の生糸を手に入れるために横浜の正式開港を江戸幕府に迫った。

横浜開港前から鑓水商人とオランダとの間に取引があったことをうかがわせるのが、

現在屋敷跡が絹の道資料館となっている八木下要右衛門の家にかつてあった「異人館」の存在である。

１７７６年からこの地の年番名主を務めることになった八木下家は、養蚕などの農業だけではなく質屋や酒造り、糸作りにも手を広げる多角的経営を行っていた。三代目敬重《たかしげ》は、外国の生糸需要に目をつけて、オランダと直取引を始め、鑓水を訪れるオランダ商人を接待するために六角形の洋式建築の異人館をつくった。異人館ができたのは１８５１年、横浜開港より８年も前のことである。やはり独自に生糸を輸出していたようなのだ。

いち早く生糸の輸出ビジネスに着手していた鑓水商人は、生糸の調達にも一日の長があった。物流ルートとしての「絹の道」も確保していた。１８５９年の横浜開港以降、１８６７年の大政奉還と翌年の明治改元を経て、明治初期までの十数年間、鑓水商人は八王子と横浜を結ぶシルクビジネスの主役に躍り出る。

ただし、鑓水商人の栄華は長く続かなかった。明治維新を境に、生糸産業が一気に近代化したからだ。

富岡製糸場と水運と鉄道が拓《ひら》いた明治日本

鑓水商人は、零細農家の女性たちが手作業の座繰《ざぐ》りでつくる生糸をかき集め、横浜の生糸売込商に販売していた。出荷された生糸の一部は、農家の女性たちの手で絹織物に仕立てられた。シルクビジネスは、生糸生産も織物業も農家の女性たちの兼業で成り立っていた。

手作業でつくる生糸や絹織物は品質面でばらつきがあった。幕末に海外からの生糸需要が急増すると、日本の手作り生糸の品質はガタ落ちになり、取引先の欧米各国の商館からは文句が出た。

このままでは日本の生糸ビジネスの先行きは暗い。そう判断したのが近代日本経済の父といわれる渋沢栄一だ。2021年のNHK大河ドラマ『青天を衝《つ》け』の主人公にもなった渋沢は、500以上の企業の設立にかかわり、その分野は銀行、証券、保険、製紙、鉄道、物流、ビール、紡績など多岐にわたる。その渋沢は明治の元勲たちと相談し、高品質の生糸を大量に生産できる機械化された製糸工場をつくることにした。

1872年、現在の群馬県富岡市に官営の富岡製糸場が誕生した。

群馬県はもともと生糸生産で名高く、八王子にも群馬の生糸がたくさん卸《おろ》されていた。生糸生産が盛んな信州＝長野とも中山道で直結しており、製糸場をつくるのには最適の場所だった。

富岡製糸場は、ヨーロッパから導入した蒸気機関を動力とした機械を活用し、フランス人技術者を招いて現場指導にあたらせた。全国から若い女性たちが集められ、工女としての訓練を受け、高品質の生糸を安定して大量生産できる体制を構築した。富岡製糸場の稼働《かどう》とともに、日本の生糸生産の大半は工場が担《にな》うようになり、世界トップの生糸生産国の地位を盤石にしたのである。

富岡製糸場の製糸技術を全国に伝えたのは、訓練を受けた工女たちだった。彼女たちが技術の伝道師となり、各地で製糸業が発展した。日本最大級の製糸場となったのが長野県の片倉組（のちの片倉製糸紡績、現在の片倉工業）である。富岡製糸場が１８９３年に三井財閥に譲渡され、１９０２年横浜における生糸の輸出仲介で財を成した原財閥が買い取ったあと、片倉製糸紡績が１９３９年にオーナーとなり、２０１４年ユネスコ世界文化遺産に登録される道筋をつくった。

生産の近代化に伴い、物流も近代化された。

当初は、馬と人が街道を利用して、生糸を横浜港まで運んでいた。富岡製糸場をはじめ、製糸工場が各地にできると生産拠点が集約され、生糸の出荷量は桁違《けたちが》いに大きくなった。

そこで街道を使った陸路の物流に加え、２つの物流手段が発達した（地図７参照）。ひとつが水運だ。利根川、江戸川などを介して東京湾まで船で生糸を運び、横浜港へ持ち込む。関東の水運の歴史は古いが、明治維新を迎え、近代的な蒸気汽船が導入されたことにより、陸路に先駆けて、大量輸送が可能になった。１８６８年には東京と横浜を結ぶ蒸気汽船が開通した。これが後の生糸産業の発展に寄与した。

もうひとつが鉄道の普及だ。１８７２年に新橋と横浜間に日本初の鉄道ができたのをきっかけに各地で鉄道が敷設《ふせつ》された。関東圏においては、鉄道の多くが生糸物流と関係していた。１８８４年に高崎と上野をつないだ高崎線（当時は日本鉄道）は「生糸鉄道」の異名をとり、北関東と信州方面の生糸物流の中枢《ちゅうすう》を担った。すると、「絹の道」＝16号線の役割も鉄道に代替される。１９０８年には八王子と横浜が横浜線（当時は横浜鉄道）でつながった。１９３４年には、高崎と八王子をつなぐ八高線が全通する。高崎から八王子を経由して横浜港へと鉄道で生糸が運ばれるようになったわけだ。「絹の道」16号線とほぼ並行して走る「絹の鉄道」の完成である。鉄道網の充実で、自動車輸送が一般化するまで商業物流ルートとしての「絹の道＝16号線」の役割はいったん小さくなっていく。

地図 7

群馬県
栃木県
中山道
高崎
日光街道
上信電鉄
富岡製糸場
鏑川
利根川
鬼怒川
関宿
JR高崎線
JR八高線
秩父の裏街道
埼玉県
江戸川
青梅街道
国道16号線
東京都
上野
新橋
八王子
甲州街道
山梨県
JR東海道線
JR横浜線
横浜
千葉県
神奈川県
静岡県
生糸を運んだ水運ルート
0
20km

幕末に零細農家の生糸を集め、独自のルートで横浜まで運んでいた鑓水商人のおかげで、日本は生糸を重要な産業に育て上げることができた。しかし皮肉にも、その生糸産業が近代化し大規模化すると、鑓水商人の役割は減っていった。さらに、生糸の相場は乱高下しやすく、取引には常にリスクがあった。そのうえ鑓水商人の多くは吉原の遊郭を借り切ったりするなど「お大尽遊び」を好んだ。ビジネスチャンスを失い、リスクをかぶり、浪費を重ねた鑓水商人は、明治中期に大半が没落してしまったのである。

現在の鑓水を訪ねると、時が止まったかのようなのどかな田舎の風景が広がっている。裏を返せば、鑓水は近代化の波に乗り損ねた。絹の道資料館の豪華な石垣が往時の鑓水商人の繁栄をわずかに伝えるだけである。この村の風景が、彼らの活躍ぶりがいっときのものだったことを教えてくれる。

天皇家の蚕と渋沢栄一

鑓水商人は欲望と野望に満ちた男たちだったが、現場で養蚕業、生糸産業を担ったのは女たちだった。彼女たちの仕事ぶりを含め、幕末の絹の道の模様を写真と文章で現在に伝えるのが、イギリスの写真家フェリーチェ・ベアトだ。１８６３年から84年まで日本に滞在したベアトは、明治維新前後の日本の様子を写真と文章で精力的に描写した。

「養蚕と生糸の生産工程に興味のある人なら、八王子かその近くの農家を訪問することほど楽しいことはない。

初めて訪れる人は、生糸の巻き取りに使用される器具が大変原始的なのを見て、また、蚕の生命を維持する桑の木がいとも無造作に、生けがきのように植えられているのに目を留めて驚く。それに、生糸を繭から糸巻に巻き取るなどの大抵の労働が、女と子供の仕事とされている事実にも驚く」（『F・ベアト写真集1　幕末日本の風景と人びと』横浜開港資料館編、明石書店、２００６）

養蚕や生糸生産が「女子供」の手で行われていたことをベアトの文章は活写する。そして、当時と同じようにいまも手作業で女性が養蚕を行っている場所が日本にはある。

それこそ、本章の冒頭に挙げた皇后による宮中養蚕だ。機械や人工飼料に頼らず、昔ながらの手法で蚕を育てている。

『皇后さまとご養蚕』によれば、宮中養蚕では、皇后陛下自らが皇居内で栽培されている桑の葉をつみとり、蚕の幼虫に与え、古来使われていた藁《わら》製の蔟《まぶし》（繭作り専用の場所）を手で編んで用意している。この技術を継承するために皇室では群馬の養蚕農家に技術継承をお願いしたという。代々の皇后は、昔ながらの農家の女性たちの養蚕技術を今に至るまで継承し続けていたのだ。

農村の片隅で行われていた女たちによる養蚕の仕事を、皇后自らが象徴して後世に伝える。誰がこのプロジェクトを思いついたのか。これまた渋沢栄一が関係していた。美子皇后が要望し、渋沢が奉答したとある。富岡製糸場がオープンする1年前の1871年のことである。天皇家に対し、皇后による宮中養蚕のあり方について助言したというわけだ。

『蚕　絹糸を吐く虫と日本人』の著者でもある畑中章宏は、『現代ビジネス』に記した記事『「天皇の稲作」と「皇后の養蚕」は、次代にどう引き継がれていくのか』（2018年7月1日）で渋沢栄一と宮中養蚕の関係について詳しく解説している＊。

こちらの記事によれば、明治期の日本に資本主義を根づかせた渋沢栄一は、もともと養蚕に深いかかわりがあった。1840年、渋沢は武蔵国榛沢《はんざわ》郡血洗島《ちあらいじま》村、現在の埼玉県深谷市の豪農に生まれた。深谷市は、埼玉の16号線エリアの養蚕の盛んな地域に連なり、一帯の農家の主力産品は生糸である。渋沢の生家も養蚕業を営んでいた。

農家生まれながら時代の変化をかぎとる知性と野心を持つ渋沢は、日本の生糸がヨーロッパ市場で引っ張りだことなった幕末に渡欧している。1867年、時の将軍徳川慶喜《よしのぶ》の弟・昭武《あきたけ》に随行して、パリ万国博覧会を視察したのだ。ヨーロッパの近代に接した渋沢は、帰国と同時に日本に近代的な経済を根付かせようと、さまざまな活動を行う。

そのひとつが、明治から昭和にかけての日本経済を支えた生糸産業の近代工業化であり、富岡製糸場の設立だった。富岡製糸場に全国から集められたのは若い女性たちだ。養蚕も生糸もそして絹織物も、絹にまつわる仕事は、ずっと女性たちが現場を担ってきた。機械化するときも、女性が現場仕事の主人公となった。製糸産業の現場の苛烈《かれつ》さを描いた『女工哀史』や『あゝ野麦峠』は彼女たちの話である。

富岡製糸場の創業と相前後するタイミングで、明治天皇の美子皇后が宮中養蚕を始めた。もともと日本書紀には雄略天皇（5世紀後半）が皇后に養蚕を勧めたという記述がある。そこで明治の宮中でも養蚕が正式に始められたわけだが、その際に皇室から相談を受けたのが渋沢だった。明治天皇の嫡母《ちゃくぼ》である英照《えいしょう》皇太后（孝明天皇妃）も加わり、貞明《ていめい》皇后（大正天皇皇后）、香淳《こうじゅん》皇后（昭和天皇皇后）、そして美智子皇后陛下へと引き継がれた。

そしていま、雅子皇后陛下へ宮中養蚕のバトンが渡された。

日本の「殖産興業」の中心をなしたシルクビジネスの現場の主人公は、女性たちだった。皇居内で蚕のお世話を続けたのは代々の皇后たちだった。「富国強兵」はもっぱら男の仕事であり、日本海軍はイギリス製の戦艦でロシアのバルチック艦隊を日本海で撃破したが、その戦艦を購入する資金を稼いだのは女性たちが紡《つむ》いだ生糸だった。

『用心棒』のピストルは生糸と交換?

「絹の道」＝のちの16号線の役割は、生糸を横浜から世界に送り出しただけではない。一方で海外から国内へ、文化、風俗、そして思想と宗教を日本各地に拡散させる道でもあった。幕末当時の状況をうかがわせる映画がある。

奇《く》しくも『モスラ』が公開されたのと同じ1961年に、やはり東宝が製作したのが黒澤明《くろさわあきら》の『用心棒』である。とある村で対立する2つのヤクザの組。たまたま訪れた剣豪の素浪人が、その腕と機転で、双方の組をつぶしてしまう。

主人公である素浪人を演じる三船敏郎の役名を覚えているだろうか。「桑畑三十郎」である。三十郎を用心棒として雇ったヤクザの親分清兵衛に名を聞かれたとき、外に広がる桑畑を見て、「おれの名前は、……桑畑三十郎だ。もうそろそろ四十郎だが」とつぶやく。なぜ、この村に桑畑があるのかというと、生糸の取引でうるおっていたからだ。村で幅を利《き》かせる片方のヤクザの親分の弟、仲代達矢は首にスカーフを巻き、米国伝来のピストルを持つ。

『用心棒』には、桑の葉で育てた蚕が吐き出す生糸を横浜に運んで輸出し、その見返りとして西洋からピストルという「文化」が伝来した幕末の情景が描かれている。幕末から明治維新にかけての絹の道＝16号線エリアには、『用心棒』のピストルのように、さまざまな西欧文化が流入した。

たとえば、欧米の研究者やジャーナリスト、外交官が横浜に上陸してこの道を伝い、日本の様子を本国に伝えた。ギリシア神話に登場するトロイア遺跡の発見で知られるドイツの考古学者ハインリッヒ・シュリーマンもその１人だ。世界旅行の途中、１８６５年に日本を訪れた。横浜に寄港したのち、絹の道を馬で移動し、原町田（現・東京都町田市）から八王子にかけての日本の風俗や桑畑の様子、農家が行う生糸製造の現場などを書き残した（『シュリーマン旅行記　清国・日本』講談社、１９９１）。

イギリスの外交官アーネスト・サトウは１８６２年、横浜に着任し、以来30年近くに渡って日本に滞在した。駐日公使を務め、日英外交の魁《さきがけ》となった人物だ。彼も八王子まで足を運び、鑓水商人の八木下家の異人館を訪れた。高尾山に登山し、府中の大《おお》国魂《くにたま》神社を参拝したりもしている。

横浜開港時の日本は、まだ鎖国状態を全面的に解いたわけではなかった。そこで開港場から外国人が自由に歩ける「遊歩区域」が設けられた。横浜港ではおおよそ10里までの地域だったという。10里といえば約40キロ、横浜から八王子までの距離である。このため絹の道全域が「遊歩区域」となり、多くの外国人がこの道を通って、町田や府中、八王子を訪れた。

当時の様子を中央大学の松尾正人名誉教授はこう説明する。

「外国人は、この遊歩区域を貿易の商売に利用しました。それは、八王子まで欧米人あるいはその商人の番頭であった中国人がやってきて、生糸の品定めや買い付けをしていることからわかります。幕末の最大の輸出品は生糸で、生糸の産地が群馬や埼玉の山間地帯、あるいは山梨や長野の地域だったからです。それらの地域の生糸は八王子を経由して横浜に持ち出されていました。八王子は多摩川の南側に当たり、多摩川と酒匂《さかわ》川にそった外国人の出かけることのできる遊歩区域の内側です。八王子は、外国人が出かけられる遊歩区域のもっとも奥の町だったのです」＊（『中央大学「知の回廊」33 多摩のシルクロード』より）。

『Ｆ・ベアト写真集１　幕末日本の風景と人びと』には、幕末の神奈川県の地図に赤く囲った「遊歩区域」が示されている。

明治時代に入ると、今度はキリスト教が「絹の道」を通って日本に広まった。フランス人の宣教師ジェルマン・レジェ・テストウィード神父による布教はよく知られている。１８７３年に横浜港から日本に上陸したのち、絹の道を通って八王子に赴き、１８７５年から76年にかけて八王子、砂川地区で布教活動に従事した。その後、神奈川、静岡・浜松にカソリック教会を根付かせる一方、富士山麓《さんろく》の御殿場に１８８９年、日本初のハンセン病療養施設、神山《こうやま》復生病院を設立した。

キリスト教は、生糸産業のマネジメントにも影響を及ぼした。16号線エリアの埼玉県入間市博物館には１８９３年に創業し、その後９カ所に工場を有し隆盛を極めた製糸会社石川組製糸の展示がある。約４０００人の工女が働いていたが、創業者の石川幾太郎は、弟が信心深いキリスト教信者だったこともあり自身も入信、工女たちに西洋風の教育を施し、休日を設けるなど、先進的な経営を取り入れた。いまも残る美しい旧石川組製糸西洋館は、石川組製糸のハイカラぶりを示している。

多摩の自由民権運動と16号線

横浜から絹の道＝16号線エリアに広まった西欧の思想や文化、宗教は、日本の政治にも影響を与えた。

なかでも有名なのが自由民権運動だろう。1874年の板垣退助らの民撰《みんせん》議院設立建白書の提出を発端に、江戸幕府＝武家政権を終焉《しゅうえん》させた明治政府＝薩摩長州による藩閥政治に不満を持つ層が、国民の自由と権利を求めて立ち上がった。

自由民権運動の中心地になったのが、1871年の廃藩置県以来、神奈川県に属していた、奥多摩などが属する「西多摩」、八王子、町田が属する「南多摩」、立川、東久留米《ひがしくるめ》、三鷹《みたか》、吉祥寺、調布、成城や喜多見など世田谷区の一部が属する「北多摩」のいわゆる「三多摩」である。

運動の中心となった自由党は1892年の第2回衆議院選挙に多摩で2議席を獲得するなど勢力を伸ばし、「多摩は自由党の砦《とりで》」とまで言われるようになったのである。

政治的危機感を覚えた神奈川県の内海忠勝《うつみただかつ》知事は、日本政府と東京府に、自由党の力が相対的に弱い東京府へ神奈川県から三多摩地区を移管してほしいと直訴した。結果、三多摩地区は1893年に東京府に編入され、現在に至る。当時の運動の様子はいまも地元の町田市にある自由民権資料館でうかがい知ることができる。

　幕末の多摩は政治的なホットスポットだった。新撰組の土方歳三《ひじかたとしぞう》や近藤勇《いさみ》も多摩（日野市と調布市）の豪農出身である。さらに、彼らを支えた小島鹿之助《しかのすけ》や石阪昌孝《いしざかまさたか》も現在の町田出身だ。ちなみにこの２人がのちに自由民権運動の支援者となる。

　小島と石阪に影響を与えたのが、横浜港から「絹の道」を歩いてやってきた幕末の外国人たちだった。彼らを通じて、自由民権などの西洋思想、キリスト教がこの地域に流れ込んだのである。「横浜＝海外」と直結した絹の道＝16号線エリアの多摩は、東京都心以上に「進歩的」な場所になったのだ。

　絹の道を介して多摩に都心よりも先に「西洋」がもたらされた構図は、第３章で記した進駐軍／米軍基地周辺で日本の戦後音楽などの社会風俗がいち早く浸透したのとそっくりである。

　16号線は八王子市内でＪＲ中央線と交差する。中央線沿線の「中央線文化」に漂う、リベラルで、ヒッピーで、反体制な気風はどこからやってきたのか？　こちらに関してはまた改めて詳しく調べてみたいところだが、絹の道＝16号線が多摩地区にもたらした「舶来」の自由思想、そして第二次世界大戦後、米軍基地がもたらした「舶来」のカルチャーが、中央線文化の発達に影響を与えてきた部分はあったのではないか。

明治期に花開いた生糸ビジネスは、第二次世界大戦の直前まで、日本を支える基幹産業であり続けた。戦争で一旦《いったん》止まった生糸ビジネスは、終戦後ほどなくして再開された。マッカーサーの指示のもと「蚕糸業復興5カ年計画」が打ち出され、生産に拍車がかかり、1969年には、戦後国内生糸生産のピークを迎えた（209頁の表2参照）。

一方で1964年から65年にかけて、韓国、北朝鮮、中国が生糸生産を本格化し、生糸の輸入は増えていった。高度成長期の経済発展に伴い、国内の賃金も物価も上昇し、国内生糸の価格競争力は相対的に低下していった。『日本の蚕糸のものがたり』（髙木賢、大成出版社、2014）によれば、1966年には生糸の輸出量と輸入量が逆転し、1974年には日本からの生糸輸出が途絶えた。1859年から数えて115年、日本を支えた生糸輸出の歴史は、事実上幕を閉じた。

養蚕で名を成した八王子をはじめとする多摩地区では、急増する東京の人口を吸収すべく、次々と巨大な郊外住宅が造成された。桑畑が広がっていた斜面には高層集合住宅が並び、鉄道が延伸された。

いまこの地域には、明治初期の絹の道の風情が残る鑓水の里と、瀟洒《しょうしゃ》なショッピングモールと大学と高層住宅が並ぶ街とが同居している。明治維新から現代までの日本の変遷《へんせん》を一望できる場所なのだ。

モスラの繭と皇后の繭が似ている理由

『モスラ』と『用心棒』が公開された１９６１年は、日本が高度成長期を邁進《まいしん》しながらも、生糸産業が最後の輝きを見せていた時代であった。

『モスラ』と宮中養蚕には、奇妙な符合がある。

映画のなかでモスラの幼虫は南海のインファント島から海を泳ぎ、突然、奥多摩湖に出現し（いうまでもなく養蚕の盛んな地域である）、16号線沿いの米軍横田基地を渡り、渋谷から都心に到着し、芝の東京タワーをへし折り、繭をつくる。

注目すべきはこの繭の形だ。真ん中がくびれたひょうたん型をしているのだ。通常見かける蚕の繭は楕円形《だえんけい》をしている。なぜ、『モスラ』の繭はひょうたん型をしているのか？

実はこのモスラの繭とそっくりの蚕の品種があるのだ。皇居内で皇后が大切に育ててきた日本産の蚕種「小石丸」の繭のかたちがひょうたん型なのである。

小石丸という品種は一度この世から消えようとしていた。

古来日本でずっと育てられてきた小石丸の糸は良質だったため、明治中頃まで蚕といえば小石丸だった。けれども、その繭は小ぶりで、日中交雑種や中欧交雑種に比べると繭ひとつあたりの生糸生産量が半分以下だった。このため蚕の品種改良が進むにつれてシェアは減り続け、1980年代までには小石丸を飼う国内養蚕農家はほとんどなくなっていた。

宮中養蚕でも小石丸の飼育をやめようという動きがあったという。

「昭和10年代には小石丸の生産が御養蚕所における総生産の十分の一程度に減らされており、昭和60年代には廃棄の場合に備えての繭や糸の標本作りなども行われていた」(『皇后さまとご養蚕』)

小石丸の飼育の維持を望んだのが、宮中養蚕の仕事を引き継いだばかりの美智子皇后陛下(当時)だった。小石丸の飼育をやめようという動きに対し、美智子皇后陛下は、「日本の純粋種と聞いており、繭の形が愛らしく糸が繊細でとても美しい。もうしばらく古いものを残しておきたいので、小石丸を育ててみましょう」と文書で答え、結果、小石丸は宮中で飼育され続けるようになった。

数年後、美智子皇后陛下のご決断が功を奏する。

正倉院の宝物の「古代裂《こだいぎれ》」を復元するのに最適なのは、当時と変わらぬ品種である小石丸の生糸であることがわかったのだ。以来、宮内庁の所蔵する絵巻物の修復や、伊勢神宮の第62回神宮式年遷宮で使われた御装束神宝調製に、皇后陛下の宮中養蚕で得られた小石丸の糸が使われるようになったのである。

２０１９年5月1日。平成から令和へと年号が変わった。宮中養蚕の仕事も美智子皇后陛下から雅子皇后陛下へと引き継がれた。２０２０年5月11日、雅子皇后陛下は、皇居内の御養蚕所ではじめての「御養蚕始の儀」につき、2カ月後の7月10日、「今年の養蚕作業を終える『御養蚕納の儀』に臨まれた」＊（日本経済新聞電子版　２０２0年5月11日、7月10日）。宮内庁によれば、天皇、皇后両陛下の長女、愛子様も赤坂御所で、学習院の初等科時代から10年にわたって蚕を飼育されているという。新型コロナウイルス感染拡大で担当者の人員削減もあり、今回は国産種の「小石丸」のみを飼育することになった。16号線エリアでつむがれてきた近代日本の蚕の物語は、令和の時代も絶えることなく伝えられているのである。

第6章 未来の子供とポケモンが育つ道

定年ゴジラが踏み潰《つぶ》す老いたニュータウン

国道16号線は、複数のプレートがぶつかってできあがった日本列島の地形の典型である。

三浦半島と房総半島が太平洋に突き出て、大河川がその間を流れて東京湾ができ、周囲を台地と丘陵が取り囲み、いくつもの小流域が形成された。

そこに人々が暮らすようになった。旧石器時代には狩猟採集民が、縄文時代には貝塚を積む海の民が、弥生時代には谷戸に田んぼの民が、古墳時代には巨大古墳群を構築できる勢力が居住した。大和朝廷が畿内に成立すると国府も置かれるようになった。中世には台地で牛馬が育てられ、関東武士が城や拠点を築くようになった。彼らを束ねて源頼朝は鎌倉に幕府を開いた。鎌倉から地方へ伸びる鎌倉街道は現在の16号線と重なる。室町時代には関東武士たちが力をつけた。16号線エリアの城と、後に日本の中心となる江戸城を同時に築いた太田道灌は、首都圏の街の構造を規定した。

江戸城を手に入れた徳川家康が征夷《せいい》大将軍になり、江戸幕府が誕生すると、16号線エリアは江戸郊外へ格下げとなったが、幕末から明治時代にかけて、生糸産業と軍事の中心を走る道として、現在の16号線の原形となる道路が整備・活用された。

八王子から横浜に運ばれて、海外へ輸出された生糸は一時期、日本のGDPの大半を稼ぎ、殖産興業の旗印となった。16号線エリアの海岸には軍港ができ、台地には飛行場が整備され、富国強兵が体現された。

第二次世界大戦後、16号線エリアでは進駐軍と米軍基地によって流行音楽が生まれた。1963年、現在の国道16号線が完通すると、日本の物流とモータリゼーションと小売革命の最前線となった。ニュータウンがいくつもでき、沿線人口は1000万人規模に膨れ上がって今に至る。

旧石器人が根を下ろしてから3万8000年、正史の中心に据えられることはなくても、16号線エリアには常に人の営みがあり、日本の文明や文化に大きな影響を与え続けてきた。

その16号線エリアがいま、岐路を迎えている。少子高齢化と首都圏の縮小だ。

第1章の最後に、私はこう記した。

国道16号線＝首都圏郊外は、本当に年老い、終焉《しゅうえん》しつつあるのか。16号線の「未来」はどっちだ？と。

国立社会保障・人口問題研究所の「日本の将来推計人口」（平成29年度）によれば、日本の総人口は２０１５年の1億２７０９万人（国勢調査）から50年後の２０６５年には８８０８万人まで減少する＊。50年でざっと４０００万人、アルゼンチンやケニア1国分の人口がいなくなる計算だ。さらに、65歳以上の老年人口比率は２０１５年の26・6％から２０３６年に33・3％、２０６５年は38・4％になる。日本人の10人中4人が65歳以上となる。

人口減少と少子高齢化は、人々の暮らしを大きく変える。地方消滅、郊外淘汰《とうた》、都心回帰を招く——。メディアも企業も学者も政治家も、そう唱え始めた。

２０１８年7月2日付の日本経済新聞電子版の記事「老いる田園都市　東急、１００年目のひずみ」によれば、東急田園都市線のたまプラーザ駅の高級住宅街、美しが丘がさびれつつあるという＊。原因は住民の高齢化である。

美しが丘といえば、1969年から住宅分譲が始まり、1区画が広かったこともあって、有名作家、野球選手、人気俳優が住むようになり、80年代にはTBSの人気テレビドラマ『金曜日の妻たちへ』シリーズの舞台にもなった、あのセレブタウンである。

しかし、開発から50年がたつと子供たちは家を出て、家に残された親世代は年老いた。たまプラーザ駅から徒歩20分もかかるうえに、坂道が多いため、駅と行き来するのも一苦労だ。それでも出て行く人は限られている。1区画が100坪あり、売価が1億円を下らないため、売却も難しいと日経の記事は分析する。

美しが丘に限らず、東急グループが中心になって開発してきた川崎・横浜・町田・大和に広がる多摩田園都市全体で高齢化が進んでいる。たとえば美しが丘のある横浜・青葉区では2015年の65歳以上の老年人口比率は19％と全国平均の26・6％より7ポイント低いが、2035年になると33％になり、全国平均に並ぶ。50年後の2065年には、全国平均を超えるかもしれない。

少子高齢化問題は、1950年代から開発が進んだ多摩ニュータウンのような老舗《しにせ》郊外住宅街ではすでに1990年代から顕在化していた。

2000戸のニュータウン「くぬぎ台」で定年を迎えた男たちを描いた重松清《しげまつきよし》の小説『定年ゴジラ』(講談社、1998)は、時代を先取りしたテーマを扱っていた。

定年を迎えた主人公の山崎さんは都市銀行勤めで、庭付き一戸建てが夢だった。エリートサラリーマンとして一軒家を手に入れ、家族を守ってきた。高度成長期の夢をすべて果たした。けれども定年を迎えた今、山崎さんや他の定年組の男たちにむなしさが襲う。自然豊かな環境に建てられた広々した郊外住宅は、都心から遠いだけの不便な古家になっていた。彼らは自分たちの古い夢と決別するかのように、公民館にほったらかしにされていたニュータウン「くぬぎ台」の模型を、怪獣ゴジラのように踏み潰す。

16号線は多摩田園都市の大動脈であり、多摩ニュータウンの外側を走る。『定年ゴジラ』の「くぬぎ台」のモデルである八王子のニュータウンの近くも通っている。90年代後半から顕在化してきた少子高齢化に伴う街の終焉は、16号線エリアの問題でもあるのだ。

第1章で紹介した、2014年のNHKの番組『ドキュメント72時間 オン・ザ・ロード 国道16号の〝幸福論〟』に登場した16号線沿いの「ひとびと」の顔ぶれを思い出してほしい。

一人暮らしのおばあさん、ショッピングモールに集う地元女子中学生、タクシー運転手のおじいさん、犬を散歩させている河原暮らしのホームレスの老人、自動車工場で働く男性、初老のトラック運転手、17歳のカップル、年金暮らしの主婦、16号線沿いをひたすら歩くこれまたホームレスの老人、路上の草を摘んで食料にする老女、東京湾アクアラインで千葉から川崎に通うサラリーマン、海苔《のり》養殖をやめた無職の男性……。

ＮＨＫの番組がピックアップしたのは、日経新聞の記事にあるような高齢の住民や『定年ゴジラ』の主人公である定年を迎えたサラリーマンとはまた別の、16号線エリアの衰退と老いを象徴させる顔ぶれだった。

一方で、「都心回帰」の波が、２０００年代から動き始めた。倉庫街や工場だった東京の湾岸エリアや大河川沿いでは、超高層マンションの建設ラッシュが続き、芝浦や豊洲、武蔵小杉などが巨大住宅街に変身した。１９８０年代に「第四山の手」ともてはやされた首都圏の郊外は、わずか二十数年でそのブランド力を失い、人々は相対的に購入しやすくなった都心へと移動し始めた。

人口動態の数字の変遷を見ても、都心回帰は明らかである。「住まいの情報館」が出したレポート「子育て世代は都心から郊外へ？　首都圏の人口移動トレンドを読み解く」(2019年5月10日)では、2018年の「住民基本台帳人口移動報告」(2019年1月31日発表)をもとに、首都圏4都県(東京、神奈川、埼玉、千葉)の市区町村の全世代を対象とした転入超過ランキングをまとめている*。

表3の示す通り、人口が増えているトップ10は世田谷区を筆頭に東京の7区(大田区、品川区、足立区、中央区、江東区、板橋区)、残りは流山市と船橋市と川口市である。

一方、人口が減っているワースト10は、千葉県成田市を筆頭に千葉の市町が6つ、神奈川の市町が3つ。東京は新宿区だけがランクインしている。そして16号線の通っている神奈川県横須賀市がワースト3位だ。さらに、16号線が近くを走っている自治体として、千葉県八街《やちまた》市がワースト4位、鎌ケ谷《かまや》市が同5位、たまプラーザのある横浜市青葉区が同7位、我孫子《あびこ》市が同9位。つまり16号線エリアの街が5つもランクインしているのだ。

実は子供たちが増えている!

16号線エリアの街は、年老い、さびれ、消滅していくのだろうか?

一方で、興味深い動きがある。

表3　2018年の首都圏の転入超過数自治体ランキング（全世代）

トップ10　　　　ワースト10

東京都世田谷区	6861	千葉県成田市	-2246
東京都大田区	6024	東京都新宿区	-1265
東京都品川区	5958	神奈川県横須賀市	-1010
千葉県流山市	4381	千葉県八街市	-892
東京都足立区	3999	千葉県鎌ケ谷市	-850
東京都中央区	3928	千葉県長生郡	-698
東京都江東区	3919	横浜市青葉区	-669
東京都板橋区	3792	千葉県一宮町	-625
千葉県船橋市	3499	千葉県我孫子市	-591
埼玉県川口市	3432	神奈川県松田町	-553

＊「住まいの情報館」記事を基に作成（市区町村別・マイナスは転出超過・単位：人）＊オリジナルデータは「住民基本台帳人口移動報告　平成30年（2018）結果」

２０１９年から２０２０年にかけて、多摩田園都市の開発を行ってきた東急グループや、郊外に多数の店舗を展開する三井不動産グループ、メディア企業のＫＡＤＯＫＡＷＡなどが16号線エリアに大型投資を行い、新しい「街」をつくっているのだ。

２０１９年11月13日、東急モールズデベロップメントの複合商業施設「南町田グランベリーパーク」が、国道16号線と国道２４６号線が交差する東京都町田市にオープンした。もともと同じ場所にあったアウトレットモール「グランベリーモール」（２０００〜２０１７）と比較すると面積は３・３万平方メートルから５・

3万平方メートルへと大幅に拡大し、店舗数も98店から241店と3倍近く増えた。新聞、雑誌、ネットメディアで盛んに取り上げられ、2020年1月11日土曜日には、テレビ東京の人気街紹介番組『出没!アド街ック天国』で特集された。

東急グループでは、ターミナル駅の渋谷再開発とともに南町田グランベリーパークの開発を主要事業と位置づけており、2019年10月1日に駅名も南町田から南町田グランベリーパークに改名した。「スヌーピーミュージアム」もこの南町田グランベリーパークの中にオープンしている。

2020年6月4日には、16号線沿いの横浜・金沢区の海に面した大型商業施設、1998年開業の三井アウトレットパーク横浜ベイサイドが、リニューアルオープンした。延べ床面積は約2万平方メートルから約5万3000平方メートルに、店舗数は約80店から約170店と2倍の規模になった。

新店舗の1つ、ファーストリテイリング傘下《さんか》のユニクロとGUが合同出店した「UNIQLO PARK 横浜ベイサイド店」は、3階建てで滑り台やジャングルジムなど子供たちが遊ぶことのできる「公園」機能をもたせている。

2020年11月には、総合メディア企業であるKADOKAWAが16号線エリアの埼玉県所沢市に「ところざわサクラタウン」をオープンした。隈研吾《くまけんご》設計の角川武蔵野ミュージアム、EJアニメホテルなど、さまざまなコンテンツを売り物にした総合「モール」だ。角川武蔵野ミュージアムは、眼下に東川が流れる武蔵野台地の縁にある。巨大な花崗岩《かこうがん》の塊が地面から突き出ているようなデザインで、隣にはクヌギやコナラの雑木林が広がり、古代の武蔵野の景色を再現している。

２００５年につくばエクスプレスが開通し柏の葉キャンパス駅が置かれた千葉県柏市の柏の葉キャンパスタウンでは、三井不動産グループが、マンション分譲、ららぽーと、三井ガーデンホテルの開業に加え、職住近接ワークスペースをオープンするなど開発の手を緩めていない。

16号線エリアが人口減少し高齢化が進み衰退するエリアであるならば、この規模の投資は無謀に思える。各社ともに勝算はあるのか？

ここで意外なデータをお見せしよう。16号線エリアではいま、子育てが終了し、高齢化した世代が転出する一方で、新たな子育て世代が次々と移り住んできているのだ。

先の『出没！アド街ック天国』でも取り上げられていたが、町田市の調べによると、２０１４年から２０１８年までの5年間で「0〜14歳の子どもの転入超過数」は、東京都の市区町村中で町田市がずっと1位だという。２０１４年から２０１７年まで5年連続2位の街は、16号線エリアの八王子市だ。２０１８年の2位は東京郊外の小平市である（総務省「住民基本台帳人口移動報告」）。2010年代の16号線エリアは、子育て世代に大人気なのである。

「住まいの情報館」のレポートにも、首都圏4都県（東京、神奈川、埼玉、千葉）の市区町村全体の「0～14歳の子どもの転入超過数」ランキングを載せている＊。

表4を見てほしい。子育て世代は、都心回帰どころか、16号線エリアを筆頭とする首都圏郊外にむしろ積極的に移り住んでいることがはっきりわかる。

「0～14歳の子どもの転入超過数」ランキングのベスト10は千葉県流山市、千葉県柏市、東京都町田市、千葉県印西市、神奈川県藤沢市、東京都小平市、横浜市戸塚区、さいたま市緑区、東京都西東京市、八王子市である。東京23区は1つも入っていない。すべて郊外の街である。しかも、このランキングには16号線が通る街が3つ、隣接した街が4つある。一方、ワースト10は千葉県市川市、横浜市港北区、東京都大田区、墨田区、板橋区、中野区、足立区、江戸川区、川崎市多摩区、東京都港区である。

16号線エリアの人口が高齢化しているのも、数の上での転出者が多いのも事実だ。ゴーストタウン化する団地があったり、衰退して閉店する商業施設があったり、買い手のいないかつての高級住宅街が出てきているのも本当だ。けれどもその一方で、0～14歳の子供たちを抱えた親たちが積極的に住まいを選んでいるのは、東京23区以上

表4　2018年の首都圏の転入超過数自治体ランキング（0〜14歳）

トップ10　　ワースト10

千葉県流山市	818	千葉県市川市	-783
千葉県柏市	692	横浜市港北区	-623
東京都町田市	627	東京都大田区	-619
千葉県印西市	621	東京都墨田区	-600
神奈川県藤沢市	547	東京都板橋区	-564
東京都小平市	478	東京都中野区	-555
横浜市戸塚区	425	東京都足立区	-548
さいたま市緑区	420	東京都江戸川区	-524
東京都西東京市	402	川崎市多摩区	-509
東京都八王子市	379	東京都港区	-461

＊「住まいの情報館」記事を基に作成（市区町村別・マイナスは転出超過・単位：人）
＊オリジナルデータは「住民基本台帳人口移動報告　平成30年（2018）結果」

に16号線エリアの街なのである。

16号線エリアの春日部在住の『クレヨンしんちゃん』の登場人物が、連載開始の1990年から現実に年をとっていたら、今どうしているか、ちょっと想像してみよう。

野原ひろし（35歳から2023年時点で68歳）と、みさえ（29歳から2023年時点で62歳）の夫婦は、ひろしが定年を迎えている。おそらく現在も春日部の一軒家に暮らしているはずだ。

しんのすけ（5歳から2023年時点で38歳）やひまわり（0歳から2023年時点で33歳）は？　厚生労働省の2021年の調査によれば、日本男性の平均初婚年齢は31・0歳なので、女性が大好きでコミュニケーション能力の高いしんちゃんはすでに結婚して、子供が1人くらいいるだろう。日本の女性の平均初婚年齢は29・5歳だから、ひまわりは新婚ホヤホヤかもしれない。地元春日部が大好きなしんちゃんファミリーは、子供ができるまで都心に近い街に暮らしていたが、子供が生まれて実家のある春日部に戻ってきているのではないか。

16号線エリアで子育て世代が増えているというデータは、野原家の未来をこんな風に想像させてくれる。

それにしても、もし都心の会社に通うのであれば、郊外よりも都市部で暮らす方がはるかに便利だ。なぜ、子育て世代の多くが郊外の16号線エリアを選ぶのか？

東京で働く夫婦の多くは、子供ができたときに、どこで子育てしようか悩む。子供の受験や進学を考え、自分たちの通勤を念頭に置くと、学校がたくさんあり、受験産業がより充実していて、職場からも近い都市部のマンションに住むのが合理的だ。

一方、子供の受験や進学を考えつつも、近所に広々とした公園があり、海や川が近くにあって、週末は子供と一緒に虫取りや魚釣りをするなど自然体験型の知育をセットで考えている親もいるだろう。また、自分たちの生き方として、通勤に時間がかかっても、ガーデニングができる庭があって自動車を所有できる一軒家住まいを望む家庭もあるだろう。どちらがいいか悪いか、ではない。これは人生における文字通り「道」の選び方である。

できれば、都会の便利さ、受験教育の受けやすさと、郊外の自然度の高さや家のゆったりした間取りの、両方のいいとこどりをしたい。そんなとき、都心から30キロ圏内の16号線エリアは、現実的な選択肢として浮かび上がってくる。

通勤には1時間少々かかるが、不便というほどの距離ではない。週末は自動車に乗って地元の16号線沿いの店で買い物をすれば、都心以上に便利で楽しい。アミューズメントパークや、海や川や山も目の前にある。近隣の私鉄駅前には、都心と変わらぬ商業施設や受験産業も揃《そろ》っているし、駅からちょっと離れた住宅地ならば一軒家も夢ではない。賃貸物件も充実している。子供の受験や通学もなんとかなる……。

以上の話は、ここ数年のあいだに都心から横須賀、鎌倉、立川、日野、流山、柏などの16号線エリアに移り住んだ、東京都心のオフィスで働く複数の子育て世代の友人家庭への聞きとりにもとづいている。ちなみに16号線沿いの千葉県柏市の柏の葉キャンパスには、英国を代表する名門パブリックスクール「ラグビー校」が2023年8月に開校する運びとなった。

都会と郊外のいいとこどりというのは本書の第1章でとりあげた16号線エリアの特徴である。都心から見ると郊外だが、神奈川、埼玉、千葉の県庁所在地も16号線エリアなのだ。

ここでちょっと話題を変えよう。16号線エリアは過去20年間、世界でもっとも有名な子供たちを夢中にさせたゲームが生まれた場所でもある。そのゲームとは、ポケモンだ。

ポケモンを生んだ町田のカブトムシとインベーダー

１９６５年に生まれ、16号線エリアの町田市で子供時代を過ごした男の子がいる。男の子は近所の雑木林でカブトムシやクワガタを捕まえるのが大好きだった。ただ捕まえるだけではなく、どうやったらクワガタを長生きさせられるか、ずっと友達でいられるのか、常に飼育と観察を熱心に行った。夢は昆虫博士だった。が、１９７０年代後半、町田郊外の自然は開発され、住宅や街に変貌《へんぼう》した。カブトムシやクワガタはいなくなり、代わりに別の生き物が現れた。住処《すみか》は雑木林ではなく、喫茶店の片隅のブラウン管の中だ。その名は「スペースインベーダー」。男の子はインベーダーゲームに出会い、一気にゲームの世界へのめり込んだ。

長じてゲームソフト会社をつくった男の子は、１９９６年にひとつのゲームを完成させる。かつて雑木林でカブトムシやクワガタを捕まえたドキドキと、友達と交換したり戦わせたりしたワクワクを昇華させたのだ。

このゲームとは「ポケットモンスター」、通称「ポケモン」のことである。男の子とはポケモン生みの親の田《た》尻《じり》智《さとし》だ。

以上は小学館の「学習まんが人物館」シリーズ『ポケモンをつくった男　田尻智』（２０１８）からの要約だ。同書には、ポケモンの原型となる「カプセルモンスター」の企画書の内容についてこう記されている。

「主人公は未知の生物を求めて冒険の旅に出る」「それぞれの生物の生態を研究する」「その習性に合わせた捕獲法を実験する」「捕獲したものを飼育する」「あるいはコレクションする」「持っていないものはクラスの友達と『交換』で手に入れる」。

16号線エリアの昆虫少年だった時代の体験を、田尻は素直にゲーム化した。それがポケモンだったのだ。

舞台は「カントー地方」。１９９７年4月にスタートしたアニメ版のポケモンで活躍する主人公のコドモ、10歳のサトシ少年（田尻と同名である）は、カントー地方のマサラタウン出身だ。カントー地方には10の町があって、28本の道路でつながっている。16号線＝16番道路だってある。それぞれの町は自然があったり、ダウンタウンだったりと多彩なプロフィールを有し、それぞれユニークなポケモンが暮らしている。

ゲームプレーヤーは「ポケモントレーナー」として、道路を移動し、町を渡り歩き、新しいポケモンをゲットし、育成し、自ら育てたポケモンで他のトレーナーのポケモンとバトルしたり、交換したりする。

ポケモンというゲームの世界観は、16号線エリアの自然と住宅と街がごちゃっと入り混じった環境が生んだ。なにしろ町田市には鶴見川の源流があるため、凸凹の小流域地形がたくさん存在する。

そしてプレーヤーであるポケモントレーナーは、旧石器時代から縄文時代にかけての狩猟採集民的な存在だ。ポケモンをゲットし、ライバルとバトルしたり、交換する。3万数千年前に旧石器人を呼び寄せた16号線エリアで、現代の狩猟採集民たちのためのゲームであるポケモンが誕生し、数えきれないほどのコドモたちがポケモンで遊びながら、このエリアで育っていく。

16号線エリアは、あらゆる時代のあらゆる人間に好かれてきた。旧石器人も、縄文人も、弥生人も、古墳時代の人も、渡来人も、武士も、町民も、農民も、米軍人も、クレヨンしんちゃんも、ポケモントレーナーである現代のコドモたちも、そしてその親たちもだ。

子育て世代の親子がわざわざ16号線エリアに集まるのも、生き物としての人間を育てるのに向いている、自然と街が混ざった凸凹の小流域地形に対して、無意識の「愛」を感じている部分があるのかもしれない。私たちが今も狩猟採集民としての本性を残している、と考えれば、それはむしろ当たり前のことかもしれない。

そんなことを夢想しているとき、新型コロナウイルスの感染拡大という事態が巻き起こった。

コロナウイルスとバイオフィリアが16号線を再発見させる

２０１９年12月に中国・武漢でその感染が確認された新型コロナウイルスは、わずか数カ月で世界中に蔓延《まんえん》し、通勤通学や旅行や外食といったそれまで当たり前だった人類の行動を一時的ではあるが強制的に止めた。一方で、Zoomをはじめとするウェブビデオ会議サービスが一気に普及して、オフィスや学校に行かずに自宅でリモートワークやリモートスタディを行うのが日常になった。

感染症拡大のような半ば自然災害を機に、時代のパラダイムシフトが起きるタイミングがある。現代のテクノロジーを利用すれば、オフィスや学校に定時に集まらなくても、生産性の高い仕事や学習効果を上げることができる、ということを我々は知った。これを機にリモートワークを積極的に取り込み、出勤義務を見直すと明言する企業も現れた。

そんな中で興味深い動きがある。旅行や外食などの行動を制限された都会の人々が、「身近な自然」にはっきり興味を示すようになったのだ。

首都圏では、ベランダ・ガーデニング市場や室内犬や猫などといったペット市場が活況を呈するようになった。老人しか見かけなかった緑地公園や庭園に多くの人が足を運び、街を流れる小川でザリガニとりをしたり、東京湾の海辺で魚釣りをしたりする親子の姿が目立つようになった。強制的なロックダウン（都市封鎖）が行われた米国ニューヨークでもガーデニング市場が急拡大した。積極的に土をいじり植物を育てたい、自分で食べるものを自分で育てたい、動物と接していたい、という欲望が人々から湧《わ》き出てきた。

「身近な自然」を渇望した人々は、もう少し大きな自然が近所に欲しくなる。例えば徒歩圏内に、きれいな海岸や広々とした河川敷を持つ川や、緑あふれる山などがあれば、どんなに気持ちいいだろう。それでいて、都心のオフィスに通うこともできる。そんな都合のいいエリアはないだろうか。

ある。首都圏の場合、それは16号線エリアだ。

すでに１１００万人が暮らすこのエリアは、都心まで１時間半ほどで電車通勤できる。リモートワークが進化して、都心オフィスへの出勤が週の半分程度でよくなり、出勤時間もフレックスタイムに変われば、通勤も苦ではなくなる。家族みんながリモートワークとリモートスタディを自宅で行う機会が増えるとある程度広い家が必要になるが、16号線エリアならば、都心に比べると、賃貸物件にしても購入物件にしてもはるかに格安で選ぶことができる。

地形の変化が豊かな16号線エリアには付近に大きな自然が控えている。大規模な自然公園がある。海や川や山の緑に徒歩でアクセスできる。田畑も多いから、共同菜園を気軽に貸してくれるところも見つかる。地元で、サーフィンも、本格的な釣りも、トレイルランも、昆虫採集も、趣味の畑仕事も、ポタリングもできる。

都心でずっと仕事をしてきた私の知人のなかには、新型コロナウイルス感染拡大直前の時期に、海の近くの16号線エリアに新居を構えた人間が何人もいる。彼らは新型コロナ感染拡大以降、リモートワークでグローバルな仕事を精力的にこなしながら、家庭菜園に精を出していたり、海辺の散歩を楽しんでいたりする。

コロナ禍での都心部と郊外の人口移動を眺めてみよう。「住民基本台帳人口移動報告」によれば、2021年、東京23区の全世帯では2014年の調査開始以来はじめてマイナス1万4828人と転出超過になったが、2022年はプラス2万1420人と転入超過に転じた。子育て世代の移動がわかる0〜14歳の転入超過数の全国ベスト10自治体は、1位さいたま、2位町田、4位流山、5位印西、6位八王子、8位柏と6つが16号線エリアの街だ。16号線人気は磐石のようだ。

16号線エリアは、いま、働く場所としても注目を集めている。

千葉ニュータウンの中核都市である印西市は、データセンター建設ラッシュに沸いている。1990年代、国内金融機関などのデータセンターが設置されたこの地は、下総台地にあり強固だ。東京都心と成田空港へのアクセスも良好で太平洋に近く海底ケーブルを引きやすい。16号線や東関道に近く、物流拠点としても至便。このため、国内外の企業のデータセンターと物流センターが集結しつつある。すでにアマゾンが同地にセンターを設置、2023年にはグーグルの進出が決定した。オーストラリアの物流・不動産大手グッドマングループは2016年から同地で大規模な物流・ビジネス・アメニティの複合施設を建設し続けている。大和ハウス工業は、2020年10

月より33万平方メートル規模の日本最大級のデータセンター団地「ＤＰＤＣ印西パーク」の開発を進める。

16号線エリア屈指の人気都市、流山市内の江戸川河川敷でも大規模な物流センター建設が続いている。２０２２年8月には、米小売大手コストコホールセールジャパンが川崎にあった本社を、16号線にほど近い木更津市内の木更津店の隣に移転した。首都圏の子育て世代の間で絶大な人気を誇る流山市の発展の経緯と秘密は、同市在住のジャーナリストである大西康之《やすゆき》氏の『流山がすごい』（新潮新書）を読めば、手に取るようにわかる。併読をお勧めする。

新型コロナウイルスの感染拡大が収まったあとも、テクノロジーを駆使したリモートワーク、リモートスタディはなくならない。すでにパラダイムシフトは起きてしまった。実際、外資系企業やＩＴ系企業の中には、リモートワークを前提とした勤務形態を敷くようになったところも少なくない。教育機関にも、オンデマンド授業やリモート授業が定着した。大学に勤務する私自身の体験でもある。リアルに人と人とが出会う仕事や学習の機会と組み合わせながら、今後リモートによるコミュニケーションは公私ともに発展していくはずだ。

16号線エリアでは、都市の利便と自然の安らぎを混ぜた生活が容易に実現する。

人間という生き物は、自分たちがつくりあげた人工的な都市が大好きである。人の欲望を最も効率よく具現化した都市は、便利で気持ちの良い巨大な巣だ。だから人間はどこにいっても必ず都市をつくる。都市がなくなることはありえない。世界は何度も感染症の危機にさらされたが、ある程度収まれば、人々は再び集まり、都市を再生する。どんな遠い未来においても、人間のその習性は変わらないだろう。

ただ、一方で、人間には数十人から百数十人の集団で暮らしていた狩猟採集民としての本性が今でも残っている。そんな私たちが「愛」する場所は、狩猟採集民としての人間が暮らすのに最適な、自然が豊かな土地である。

生物学者のエドワード・O・ウィルソンは、『生命の多様性』（岩波書店、1995）のなかで「動物の種はすべて、その成員にとって安全と食物の両方の面で好適な生息場所を選ぶ」と論じ、生き物の一種である人間もその例外ではない、と力説した。

では、私たちはどんなところを好んで選ぶのか。ウィルソンによればこんな場所だ。「ほとんどの民族は、水辺にあって樹林草原が見おろせる突出部を好んで住みかとする。そのような高みには権力を持ち裕福な者の住居や偉人の墓、寺院、議事堂、民族の栄光を記念する碑などがよく立っているものだ」「このような地勢は隠れ家ともなり、周囲を見晴らして遠くから嵐《あらし》や敵の勢力が近づいてくるのをいち早く発見できる、眺望のきく有利な地点でもあった」

　ウィルソンが定義した人類という生き物が好む地理的な条件は、16号線に備わった小流域地形の特徴と一致するのだ。見晴らしのいい山があって、谷があって、湿原があって水辺へとつながっている。まったく同じである。

　なぜ小流域地形を人間は好むのか。それは、こうした地形は、「自然が豊か」だからである。現代風の言い方をすれば「生物多様性」が存在しているからである。

　ウィルソンは、世界に先駆けて、多様な生き物が暮らす「生物多様性」の重要性を指摘した1人でもある。彼は、人間は「無意識に他の生命とのつながりを求めるものである」と考えた。人間には自然が豊富で生き物がたくさんいる環境を愛する本性がある、というのだ。

　人間のそんな本性を、ウィルソンは「バイオフィリア（生物愛）」と呼んだ＊。

　多様な生き物が暮らせる環境は、人間という生き物にとっても暮らしやすく、なにより他の生き物＝餌《えさ》の確保にも適している。人間の自然好き、生き物好きは、後天的な趣味ではない。人間が進化のプロセスで獲得した、この地球でサバイバルする上で必須の性質というわけだ。

　つまり、人類は都市を好んでつくる生き物であり、同時に生物多様性に満ちた土地を愛する生き物でもあるのだ。

第2章で紹介した三浦半島小網代の小流域の自然を思い出してほしい。70ヘクタールの小さな谷と干潟に数千種類の動植物が暮らしている。ひとまとまりの小流域の地形は、多様な生き物が暮らす、「生物多様性」の宝庫だ。そして16号線エリアに旧石器時代から人々が暮らしていたのは、小網代のような生物多様性を彼らが愛し、利用していたからである。

日本にやってきた人々が16号線エリアに引き寄せられたのは、アフリカに暮らしていた頃から人類が愛してきた地理的な条件を満たし、生き物の豊かな営みがあったからだ。山と谷と湿原と水辺がワンセットになった小流域の地形は、自分たちが暮らす所を確保でき、きれいな水を入手でき、餌となる生き物、材木や屋根材や燃料となる植物がたくさんある。

『バイオフィリア　人間と生物の絆《きずな》』（平凡社、1994）で、ウィルソンは、人類がアフリカのサバンナで進化したことを指摘し、「人間は、住む場所を自由に選べるときはいつでも、近くに川や湖、海などが見え、木々が点在する開けた場所に好んで住む」と記す。そして、その傾向は、狩猟採集に頼らなくてもよくなった現代においても「世界共通の傾向」だと強調する。

小流域の自然を意識し、愛し、そこで暮らすという文化は、世界各地でみつかっている。

ハワイには、先住民族の間に古くからアフプアアという土地支配の概念がある。ハワイ諸島はすべて火山島だ。島の頂点である火山のてっぺんからは、四方八方に雨水がつくりだした川が海に向かって流れ出し、いくつもの流域をつくっている。それぞれの流域を尾根の分水嶺《ぶんすいれい》で分けて土地の単位とみなして管理することをアフプアアと呼ぶのだ。水源の管理、水資源の管理、川沿いの生態系の管理、木材の管理、平地の管理、海の幸の管理を、それぞれのアフプアア＝流域で行う。

ハワイの先住民も、16号線エリアに根を下ろした原日本人も、同じような土地の愛し方をし、同じような暮らしをしていたのだ。流域単位で自然をとらえ、慈《いつく》しみ、管理し、利用するのは、日本人だけではないことがアフプアアの例でもわかるだろう。

地形や自然への愛は、人間が街をつくり、建物をつくるときの感性とも、当然つながっている。先述した角川武蔵野ミュージアムのみならず、横浜・洋光台団地のリニューアル、横須賀・京急観音崎ホテルの新施設まで、16号線エリアで数多くの建築・デザインを手がける隈研吾は語る。

「近現代の建築は地形をあまり意識せずに、都市を作り続けてきました。いま求められる建築は、たとえば、流域や傾斜など積極的にその土地の『地形』を考えていくものです。『地形に戻す建築』の時代なんです」

あるいは、都市と自然の狭間《はざま》を地形を意識しながらタモリが歩く『ブラタモリ』を多くの人が好むのも、都会の中の凸凹地形を見つけて楽しむ人がいるのも、もしかしたら私たちの中に潜む小流域の地形に対する「愛」が関係しているのかもしれない。

新型コロナウイルスという「自然」の脅威を受けたときに、多くの人間たちが選択したのがウィルソンの唱える「バイオフィリア（生物愛）」とつながる、身近な自然を愛《め》でる行為であり、都市部の中でも豊かな自然がある場所への移動だった、というのは興味深い。

新型コロナウイルスの感染拡大を契機に、都心から16号線エリアに移り住む人たちが多く現れている。私たちは、地形への愛、自然への愛を改めて自覚して、自分の中に眠っていた狩猟採集民の心で、住むべき場所を見つけようとしているのかもしれない。巨大都市＝東京の縁を走る国道16号線は、「都市が大好き」「自然が大好き」という一見相矛盾する人間の両方の本性を満たしてくれる、最適解をもったところなのだ。

あなたの街の16号線を見つけよう

本書で、私は、一見まったく関係のないさまざまな時代のさまざまな人間の営みが１９６３年生まれの新しい環状道路である国道16号線沿いにミルフィーユのように積み重なっていることを描写してきた。

ニュータウン、ショッピングモール、音楽、アミューズメント施設、暴走族、米軍、日本軍、飛行場、港、生糸、街道、幕府、城、馬と牧、古墳、貝塚、遺跡、昆虫、河川、地層、プレート……。

それぞれの時代のそれぞれの営みは、16号線という環状道路が走る、世界でもここにしかないユニークな地形の上で展開されてきた。

４つのプレートがぶつかることで、黒潮の流れに突き出た２つの半島、急峻《きゅうしゅん》な丘陵地といくつもの台地、大きな河川が注ぐ巨大な内海＝東京湾、後背部に広い低地＝関東平野、そして台地と丘陵地の縁に無数の小流域が並んだ関東の地形ができあがった。その地形を馬蹄形《ばていけい》につなぐと、16号線になる。ここには、古代から現代にいたるまでの文明を紡《つむ》ぐ上で最高の条件が整っていた。

小流域地形は、大きな文明を持たない古代の人類にとって、豊かな暮らしを享受《きょうじゅ》できる場所なのだ。

台地と大型河川、巨大な内海は、馬を育て、船を操り、古墳や城を築くのに向いていた。大型河川を土木技術でコントロールし、大型船や飛行機が登場する時代になると、河川は物流ルートとしてますます活用され、後背地の平野は農業地帯となり、リアス式の海岸は良港となって日本から世界へと商船と軍艦が進出し、台地はそのまま飛行場となって近代軍備の礎《いしずえ》をなした。台地と丘陵の縁をぐるりと回る道路＝16号線は、中心である東京の物流を担《にな》い、日本と世界とをつないでいる。

どんなにＡＩが発達しようとも、インターネットが網羅されようとも、身体を持つ限り、人間は自分の住まう場所の持つ物理的な影響から逃れることはできない。16号線エリアで人間が文明を紡ぎ、日本の中心となったのは、地理的な条件を考えると、偶然ではなかった。

ではなぜ、旧石器時代には16号線エリアにいったん人々が集まったのに、そのあとの弥生時代から江戸時代までの約２０００年、日本の中心が16号線エリアと江戸＝東京ではなく、九州から畿内へと移ったのか。地理的条件が人類に適合しているならば、旧石器時代以来、現代に至るまでずっと16号線が日本の中心だったはずではないか。

そんな疑問に対する答えの一部も、日本列島の地理的な条件にある。

畿内および九州は、16号線エリアに比べ、中国大陸と朝鮮半島に圧倒的に近い。3万数千年前に日本に渡ってきた人類が旧石器文化を経て縄文文化を花開かせるまでに、2万数千年の時間がかかっている。こうした初期文明は各地に拡散していた。世界でも、日本でも、だ。青森の三内丸山や長野の諏訪湖《すわこ》周辺が有名だが、16号線エリアでもまた、旧石器時代から縄文時代にかけては、多くの人々が暮らしていたことがたくさんの遺跡や貝塚から察せられる。

その後、メソポタミアや中国などで農業文明が勃興《ぼっこう》し、青銅器や鉄器の製造技術が洗練されていった。農業革命と金属器革命は文明の発達スピードを一気に上げ、巨大国家が成立し、周辺に覇権を及ぼすようになった。弥生時代、古墳時代、大和朝廷が成立する飛鳥時代までの千数百年は、日本が中国および朝鮮半島の影響をたっぷり受けた時期である。中国や朝鮮半島に近く、当時の技術で国を整備しやすい地理的な条件を備えた地域が発展するのは必然である。

古墳時代の倭《わ》の国が当初九州にあったとされるのは、最新文明をもたらす朝鮮半島および中国大陸と地理的に近かった側面が大きい。畿内で大和朝廷が成立したのも、当時のテクノロジーの水準からすると、瀬戸内海、大阪湾、淀《よど》川や大和川、琵琶湖《びわこ》といった穏やかな水運インフラと、飛鳥盆地や奈良盆地の規模が、中国の都を模したまちづくりに適していたから、といった具合に地理的な条件が関係しているはずだ。

16号線エリアを擁する関東は、中国大陸や朝鮮半島から遠い上に、水害の危険もあり、当時の技術で大型都市をつくるのに適した規模の盆地や平地がなかった。関東平野はあまりに巨大な湿原であり、近世までの水利土木技術ではコントロールできない規模だった。16号線エリアは、大陸で発達した碁盤の目状に区画された中心都市と、そこから放射線状に広がる中央集権的な国づくりには向いていなかった。

その代わり、小流域が連なるいくつもの台地と、東京湾と2つの半島は、馬と船という軍事および物流の手段を発達させるのに適していた。ひとつの政治勢力にまとまることなく、いくつもの武士集団がそれぞれの台地や丘陵の縁、リアス式の湾で生まれ育った。そして平安時代末期から武士が台頭するようになると、16号線エリアは歴史の中心に復活し始めた。

江戸時代になり、日本の政治の中心は畿内から関東に移った。大型河川をコントロールする土木技術が発達し、関東平野や川沿いの低地を利用できるようになった側面が大きい。明治時代を迎えると、16号線エリアの台地と半島はそのまま近代の軍事とビジネスの基地となり、東京は世界を代表する都市となった。

もちろん、文明の発達は、地理的な条件だけで決まるわけではない。その土地で発達した個々の文化・文明、土地に根差した権力者の力が、歴史の数々を左右する。それでも舞台装置としての地理的条件が、時代ごとのそれぞれの地域の文明の発展に影響を及ぼしてきたことは間違いないはずだ。

土地の条件が、人の住み方、生き方を決める。これは今も昔も変わりがない。だから最後に読者の皆さんにぜひお勧めしたいことがある。私が本書で16号線エリアに対して行ったように、あなたが今住んでいる場所、あなたが生まれ育った街、あなたがこれから暮らそうと思っている土地を、掘り下げてみてほしいのだ。

まず、現在の地形を眺めてみよう。最初に見つけるべきは川だ。都市の場合、小さな河川は暗渠《あんきょ》になっているケースが多いが、地形そのものは残っている。歩いてみて谷底になっているところがあれば、そこには必ず川が流れていたはずだ。おそらくウネウネと蛇行する道が走っている。下水のマンホールも見つかるだろう。

自分の住んでいる自治体の名前と「川」や「暗渠」をセットで検索すれば、その土地にどんな川があるか、答えが見つかるはずだ。意外な場所が現在暗渠となっていることもわかり、かつてどこに川が流れていたかが判明するだろう。たとえば新宿歌舞《かぶ》伎《き》町や竹下通りにそれぞれ神田川と渋谷川の支流が流れていた！という具合に。川には必ず源流があり、海か大型河川に合流している。ぜひ探してほしい。できれば歩いて見つけてほしい。

私がウェブサイト『WILD MIND GO!GO!』に執筆した『あなたの住んでいる「流域」と「川」を探して「流域地図」をつくろう』(https://gogo.wildmind.jp/feed/howto/list/42) も参考にしてほしい。この記事は『生き物としての力を取り戻す50の自然体験』(カシオ計算機監修、オライリー・ジャパン、2018)にも収められている。地方自治体が発表している水害のハザードマップも、隠れた河川や流域の構造を見つけるのにある程度役に立つ。

川が見つかれば、今度はその川を軸とした流域を確かめてみよう。源流部の先に頂上があり、尾根があるはずだ。尾根の向こうには、別の川の流域がある。尾根沿いを歩くと、古いお屋敷、古墳や遺跡、あるいは古城が見つかるかもしれない。ネットで調べれば、その土地の流域のどこにどんな文化文明が根ざしていたのか、案外簡単に知ることができるはずだ。

大地の構造が把握できると、暮らしている街の開発の歴史が見えてくる。地形を無視した土地開発はあり得ない。あなたは、地理的な条件を探ることで、自分の暮らす街の来歴を、立体的に学ぶようになる。

土地の地理が見えてきたら、今度はそこに根づいた自然に眼差《まなざ》しを向けてみよう。どんな都会であっても、自然は必ずある。街中に残った神社や寺の木々、コンクリートで固められた都市の川に目を向ければ、キツツキの仲間のコゲラがドラミングをしていたり、カブトムシが樹液をむさぼっていたり、アユが泳いでいたり、カワセミが飛んでいるのを目撃することだって珍しくない。目を凝らせば、コンクリートジャングルの中に、本当のジャングルが混ざっているのに気づくだろう。

あるいは、「歌」を探してみるのもいい。16号線エリアのさまざまな場所を、ユーミンをはじめとするミュージシャンたちが歌い上げたように、それぞれの土地を言祝《ことほ》ぐ歌があるはずだ。現代の流行歌はもちろん、古くからの詩や短歌の多くは、作者が愛した場所を歌っている。そんな「歌」を見つけてほしい。なかったら、自分で作ってみたっていい。

地理を知る。自然を知る。歌を知る。ただ知るだけじゃなく、実際に歩き、何かを見つけ、声に出して歌う。すると、自分の暮らす土地が、故郷が、これから住もうとする場所が、もっともっと好きになるはずだ。

遠い昔、「国道16号線」にたどり着いた私たちの先祖が、後にこの道の通ることになる大地を自然と愛するようになったように——。

あとがき

国道16号線について、いつか一冊にまとめよう、そうだ、ジャレド・ダイアモンドの『銃・病原菌・鉄』くらい風呂敷《ふろしき》を広げまくって書いてみよう、と思ってから15年ほどたった。実際書いてみると、16号線の広さと深さにくらくらして、締め切りがなかったら、いまだに何もまとめることができなかったはずだ。２０１７年春に「柳瀬さん、そろそろ16号線の妄想、まとめません？」と声をかけて『yomyom』での連載を立ち上げてくださった新潮社の古い友人、足立真穂さん、本当にありがとうございます。

とにかく16号線は広くて深い。まだ本書は、その入り口に立ったばかりだ。取り上げた話とて、玄関ホールに入れていただいた程度の内容である。それに、調べてはみたけれども、今回ほとんど触れていない「16号線の話」がいくつもある。

たとえば、16号線が生んだ小説や漫画や映画の話だ。

もともと16号線という道を意識するきっかけをつくってくれたのは、横浜を舞台とした矢作俊彦《やはぎとしひこ》さんのハードボイルドであり、沖縄、福生、横須賀を16号線でつないだ上條淳士《かみじょうあつし》さんの漫画『SEX』である。16号線の過去と未来を地形を意識しながら描いたら面白いのではないか、というアイデアは、三浦半島を舞台にしたSF漫画『ヨコハマ買い出し紀行』（芦奈野《あしなの》ひとし）にインスパイアされた。16号線の街、町田市に住んでいた作家の三浦しをんさんには、日経BP社時代に担当編集者だった頃、町田の16号線世界が炸裂《さくれつ》する『まほろ駅前多田便利軒』シリーズの裏話をふくめ、具体的なサジェスチョンを何度もいただいた。

まず、小説と漫画だったのだ。とあるイベントで上條さんにお会いしたとき、16号線の話を一方的に語り、面くらわせてしまいながらも、「面白いですね」とおっしゃっていただいたことは、本書をまとめる際の心の支えのひとつになった。

本書で私は、16号線を軸にあっちに行ったりこっちに行ったり、ジャンルを超えて、妄想を膨らませていったのだが、それは16号線にまつわる小説や漫画が与えてくれた想像力の翼のおかげである。16号線と小説、漫画、映画については、本書の第3章でとりあげた音楽の話と一緒に、いつか16号線文化論のかたちでまとめるつもりだ。

今回あまり触れることができなかったのが、16号線の生態学、生き物の話である。そもそも、16号線を地理学的に掘り下げ、生態学的に人間の行動を記述する本書のアイデアの大元には、私の大学時代からの師匠である慶應義塾大学の岸由二名誉教授の「流域思考」があり、三十数年間、保全活動で何度となく通った三浦半島小網代の森の小流域の地形がある。16号線を走りながら、岸先生に車中で三浦半島の地誌学、生態学、そして古代史、中世史から現代史までのレクチャーを受け続けた。その成果の一部が本書である。本書自体が岸先生の「流域思考」の上に乗っかってできたものだ。プレートがつくった16号線という地形は、この道沿いにユニークな自然、ユニークな生態系を生んでいる。こちらに関しても、いずれまとめてみたい。第6章のE・O・ウィルソンの考えをも教えて下さった岸先生、ぜひ一緒に書きましょう。

生き物といえば、鎌倉在住の養老孟司さんには、昆虫と自然と16号線の「首都」鎌倉の位置付けについて貴重なご意見をいただいた。ありがとうございます。ミヤマクワガタをはじめ、16号線の通るエリアには、ユニークな分布をする昆虫が多いという知見は、養老さんに教わったものだ。養老さん、いつか「16号線の昆虫」コレクションをぜひどこかで出陳してください。

16号線論をテキストのかたちで書きませんか、と最初に持ちかけてくれたのは、雑誌『ウィッチンケア』編集長の多田洋一さんだ。このときの連載「16号線は日本人である。序論」がNHKの『ドキュメント72時間』でも映され、実家の親から電話をもらったりした。

音楽プロデューサーの牧村憲一さんには、16号線にまつわるミュージシャンたちの生の話をたっぷりお聞かせいただいた。

取材に一番つきあってもらったのは、妻と娘である。普段は大渋滞の16号線が空くのは正月三が日である。正月の16号線を半周して、車中から延々写真撮影を行い、16号線沿いの遊園地の観覧車に乗る、ニコラのピザを食べるなどの取材に協力してもらった。感謝いたします。

本書を執筆するにあたっては、巻末に記したように、過去の膨大な書籍や論文、映像コンテンツなどを参考にさせていただいた。もちろん、内容に関しては、すべて著者である私が負っている。

国道16号線は、あまりに広く、深い。私一人では、一生かかっても掘り下げることはできないだろう。だから、本書を読んで、「一緒になんかしたい！」という方がいらしたら、ぜひご一報ください。なお、私自身は今後も自分のnoteにて、この本の続き、16号線についていろいろ情報発信していきます。ご興味があったら、ぜひ覗《のぞ》いてください。「note 国道16号線の話」で検索いただければアクセスできます。国道16号線を巡る冒険は、まだ始まったばかりです。よかったら、みなさん、共に次の旅にでかけましょう。では。

２０２０年11月吉日

文庫化にあたり、作家の三浦しをんさんに解説をご執筆いただきました。「国道16号線」というパズルに、最後のピースが入った！ ありがとうございます。文庫編集部の青木大輔さんには、内容のバージョンアップに関して様々な示唆をいただきました。ディープな音楽好きならではのご指摘もあり、感謝しております。

国道16号線は、コロナ禍を経て、さらなる進化を続けております。ぜひ、この道を旅してください。どこかでお会いできたら幸甚《こうじん》であります。

２０２３年３月吉日

16号線をもっと知るためのリスト

（各章で引用、あるいは参考にした書籍、テレビ番組、映画、サイトを取り上げています）

《はじめに》

〈参考書籍〉
『銃・病原菌・鉄』（ジャレド・ダイアモンド、草思社、２０００）

《第1章》

〈参考書籍〉
『冷血』（高村薫、毎日新聞社、２０１２）
『国道16号線スタディーズ』（塚田修一・西田善行編著、青弓社、２０１８）
『後藤新平の「仕事」』（藤原書店編集部編、藤原書店、２００７）
『環状道路の時代』（日経コンストラクション編、日経ＢＰ社、２００６）
『伸びる鉄道、広がる道路』（横浜都市発展記念館編、横浜市ふるさと歴史財団、２０１８）
『クレヨンしんちゃん』（臼井儀人、双葉社、１９９０～）
『サザエさん』（長谷川町子、姉妹社／朝日新聞社、１９４６～１９７４）
『天才バカボン』（赤塚不二夫、講談社、１９６７～１９７８）
『ドラえもん』（藤子・Ｆ・不二雄、小学館、１９６９～１９９６）
『がきデカ』（山上たつひこ、秋田書店、１９

74～1980）

『GS世代攻略術』（西村晃、PHPビジネス新書、2010）

『ダイエーグループ35年の記録』（ダイエー社史編纂室、1992）

『16号線は日本人である。序論』（柳瀬博一、『ウィッチンケア vol.5』2014所収）

『「東京」の侵略　首都改造計画は何を生むのか』（月刊アクロス編集室編著、PARCO出版、1987）

『土地の神話』（猪瀬直樹、小学館、1988）

『日本が読める国道16号　経済記者の新マーケティング論』（西村晃、双葉社、1994）

『東京圏が変わる消費が変わる　国道16号が語る日本の近未来』（西村晃、PHP研究所、2001）

『ブックオフの真実』（坂本孝・松本和那・村野まさよし、日経BP社、2003）

〈参考テレビ番組〉

『ドキュメント72時間　オン・ザ・ロード　国道16号の〝幸福論〟』（NHK総合、2014．6．13）

『誰にも言えない』（TBS、1993）

『木更津キャッツアイ』（TBS、2002）

『デパート！夏物語』（TBS、1991）

『デパート！秋物語』（TBS、1992）

〈参考映画〉

『平成狸合戦ぽんぽこ』（高畑勲監督、スタジオジブリ、1994）

〈参考サイト・論文・記事〉

『一般国道16号』（国土交通省関東地方整備局横浜国道事務所）
https://www.ktr.mlit.go.jp/yokohama/yokokoku_index033.html

『国道16号（保土ヶ谷バイパス）』（国土交通省関東地方整備局　川崎国道事務所）
https://www.ktr.mlit.go.jp/kawakoku/kawakoku00005.html

『直轄国道の交通状況ランキング』（国土交通省　令和2年6月8日）
https://www.mlit.go.jp/road/ir/ir-data/pdf/highway_ranking_r01.pdf

『住民基本台帳に基づく人口、人口動態及び世帯数（令和4年1月1日現在）』（総務省）
https://www.soumu.go.jp/menu_news/s-news/01gyosei02_02000220.html

『ジョルダン』
https://www.jorudan.co.jp

『國道路線認定ノ件（大正九年四月一日）』
https://ja.wikisource.org/wiki/國道路線認定ノ件_(大正九年四月一日)

『現代流通動態論　１９８０～１９９０年代の小売世界の諸相』（平田桂一、松山大学論集22巻4号所収、２０１０）

『アウトレットモール一覧』（日本ショッピングセンター協会、２０１９）

『1月31日　改正大店法が施行、大型店の出店容易に』（日本経済新聞夕刊、２０１８．１．30）
https://www.nikkei.com/article/DGKKZO26299260Q8A130C1EAC000/

『東京23区の新築マンション価格の推移（75

㎡あたり）』（不動産経済研究所のデータを基にニッセイ基礎研究所作成）
https://www.nli-research.co.jp/report/detail/id=53049?site=nli

《第2章》

〈参考書籍〉

『環境を知るとはどういうことか　流域思考のすすめ』（養老孟司・岸由二、ＰＨＰサイエンス・ワールド新書、２００９）
『「流域地図」の作り方　川から地球を考える』（岸由二、ちくまプリマー新書、２０１３）
『「奇跡の自然」の守りかた』（岸由二・柳瀬博一、ちくまプリマー新書、２０１６）
『ＤＮＡで語る日本人起源論』（篠田謙一、岩波書店、２０１５）
『日本人はどこから来たのか？』（海部陽介、文藝春秋、２０１６）
『我々はなぜ我々だけなのか　アジアから消えた多様な「人類」たち』（川端裕人、海部陽介、講談社ブルーバックス、２０１７）
『核ＤＮＡ解析でたどる日本人の源流』（斎藤成也、河出書房新社、２０１７）
『黒潮を渡った黒曜石』（池谷信之、新泉社、２００５）
『神奈川の古墳散歩』（相原精次・藤城憲児、彩流社、２０００）
『反穀物の人類史』（ジェームズ・Ｃ・スコット、みすず書房、２０１９）
『ドングリと文明　偉大な木が創った1万5０００年の人類史』（ウィリアム・ブライ

アント・ローガン、日経ＢＰ社、２００８）

『縄文時代の歴史』（山田康弘、講談社現代新書、２０１９）

『地形と立地から読み解く「戦国の城」』（萩原さちこ、マイナビ出版、２０１８）

『フォッサマグナ　日本列島を分断する巨大地溝の正体』（藤岡換太郎、講談社ブルーバックス、２０１８）

『日本列島の下では何が起きているのか　列島誕生から地震・火山噴火のメカニズムまで』（中島淳一、講談社ブルーバックス、２０１８）

『日本列島の自然史』（国立科学博物館編、東海大学出版会、２００６）

『日本の地形４　関東・伊豆小笠原』（貝塚爽平・小池一之・遠藤邦彦・山崎晴雄・鈴木毅彦編、東京大学出版会、２０００）

『日本の分水嶺』（堀公俊、山と溪谷社、２０１１）

〈参考サイト・論文・記事〉

『首都圏外郭放水路』（国土交通省江戸川河川事務所 公式サイト）
https://www.ktr.mlit.go.jp/edogawa/gaikaku/

『大規模水害、再発を避けるには「流域思考」が必要』（岸由二・柳瀬博一、日経ビジネス電子版、２０１９．７．８）
https://business.nikkei.com/atcl/seminar/19/00059/070500083/

『ＴＲネットの「流域思考」』（鶴見川流域ネットワーキングＴＲネット）
https://www.tr-net.gr.jp/trネットについ

て/trネットの「流域思考」
『流域とは何か』（岸由二、『流域環境の保全』所収、朝倉書店、２００２）
https://www.tr-net.gr.jp/wp-content/uploads/2012/02/whatiswatershed.pdf
『NPO法人小網代野外活動調整会議』（公式サイト）
https://www.koajiro.org/NPO.html
『旧石器人の「謎の穴」から見えるのは？』（サイカルジャーナル、NHK、２０１８）
https://www.nhk.or.jp/news/special/sci_cul/2018/06/story/special_190615/
『3万年前のライフスタイル 旧石器時代の狩猟採集生活』（神奈川県教育委員会）
https://www.pref.kanagawa.jp/documents/8040/888300.pdf
『日本列島の旧石器時代遺跡―日本旧石器（先土器・岩宿）時代遺跡のデータベース』（日本旧石器学会）
http://www.palaeolithic.jp/data/index.htm
『日本列島の旧石器時代遺跡』（日本旧石器学会）
http://www.palaeolithic.jp/sites/

《第3章》

〈参考書籍〉
『成りあがり』（矢沢永吉、角川文庫、１９８０）
『ルージュの伝言』（松任谷由実、角川書店、１９８３）
『進駐軍クラブから歌謡曲へ 戦後日本ポピュラー音楽の黎明期』（東谷護、みすず書房、

２００５）
『報告書　占領軍のいた街　戦後横浜の出発』（横浜市ふるさと歴史財団、横浜市史資料室、２０１４）
『ビートルズを呼んだ男』（野地秩嘉、小学館文庫、２０１７）
『ムッシュ！』（ムッシュかまやつ、日経ＢＰ社、２００２）
『おれと戦争と音楽と』（ミッキー・カーチス、亜紀書房、２０１２）
『芸能ビジネスを創った男　渡辺プロとその時代』（野地秩嘉、新潮社、２００６）
『シリーズ20世紀の記憶　１９６１～１９６７』（毎日新聞社、２００１）
『メイド・イン・オキュパイド・ジャパン』（小坂一也、河出書房新社、１９９０）
『キャンティ物語』（野地秩嘉、幻冬舎、１９９４）
『米軍基地文化』（難波功士編、新曜社、２０１４）
『渋谷音楽図鑑』（牧村憲一・藤井丈司・柴那典、太田出版、２０１７）
『聴かずに死ねるか！』（麻田浩・奥和宏、リットーミュージック、２０１９）
『音楽社会学でＪ－ＰＯＰ!!!』（福屋利信、かざひの文庫、２０１８）

〈参考テレビ番組〉
『MASTER TAPE―荒井由実「ひこうき雲」の秘密を探る』（ＮＨＫＢＳ、２０１０．１．16）
『第69回ＮＨＫ紅白歌合戦』（ＮＨＫ総合ほか２０１８．12．31）

〈参考サイト・記事〉

『日本ジャズ史-その黎明の時代・菊池清麿』
http://www5e.biglobe.ne.jp/spkmas/sub10.html

『最新作『A GIRL IN SUMMER』を松任谷由実本人が全曲解説！』（「BARKS」、２００６．５．24）
https://www.barks.jp/news/?id=1000023346

『シリーズ「顔」 荒井呉服店 荒井芳枝さん橋本常務インタビュー』（空間都市「八王子」編集部）
http://hachimall.net/kao/arai/03/index.html（注：２０２０年10月現在、サイトは削除）

『横浜は「小さなアメリカ」だった「みんなでつくる横濱写真アルバム」より』（横浜写真アーカイブ協議会、２００９．９．29現在はサイト終了）
https://www.yokohama-album.jp/special/post_104.php

『若気の至りこそ最大の武器 株式会社ホリプロ取締役ファウンダー（創業者）堀威夫』（「ニッポンの社長」『ベンチャー通信8号』２００３．7より抜粋）
https://www.nippon-shacho.com/interview/in_horipro/

『ザ・ゴールデンカップスや矢沢永吉を輩出した名店！本牧で伝説と言われた「ゴールデンカップ」に突撃取材！』（大和田敏子、「はまれぽ.com」、２０１５．12．20）
https://hamarepo.com/story.php?page_no=0&story_id=4870

『ムッシュこそ、私の東京らしさ。』（松任谷

由実、『ブルータス』2018.3.15）
『大気すっきり富士くっきり　都内から見える日数5倍に』（朝日新聞、2013.2.24）
https://www.asahi.com/eco/news/TKY201302230369.html

《第4章》

〈参考書籍〉

『翔んで埼玉』（魔夜峰央、宝島社、2015、連載は1982〜1983）
『翔んで埼玉　映画パンフレット』（2019）
『地図で楽しむすごい埼玉』（都道府県研究会、洋泉社、2018）
『家康はなぜ江戸を選んだか』（岡野友彦、教育出版、1999）
『中世を道から読む』（齋藤慎一、講談社現代新書、2010）
『新しい江戸時代が見えてくる』（大石学、吉川弘文館、2014）
『平将門と天慶の乱』（乃至政彦、講談社現代新書、2019）
『頼朝と街道』（木村茂光、吉川弘文館、2016）
『街道をゆく　三浦半島記』（司馬遼太郎、朝日新聞社、1996）
『大道　鎌倉時代の幹線道路』（岡陽一郎、吉川弘文館、2019）
『鎌倉街道伝説』（宮田太郎、ネット武蔵野、2001）
『改訂版　詳説日本史　日本史B』（笹山晴生・佐藤信・五味文彦・高埜利彦、山川出版社、

２０１９）
『改訂版 詳説 日本史研究』（佐藤信、五味文彦、高埜利彦、鳥海靖、山川出版社、２００８）
『享徳の乱 中世東国の「三十年戦争」』（峰岸純夫、講談社選書メチエ、２０１７）
『相模武士団』（関幸彦、吉川弘文館、２０１７）
『東国武将たちの戦国史』（西股総生、河出書房新社、２０１５）
『戦国関東の覇権戦争』（黒田基樹、洋泉社、２０１１）
『関東戦国史』（黒田基樹、角川ソフィア文庫、２０１７）
『享徳の乱と太田道灌』（山田邦明、吉川弘文館、２０１５）
『騎虎の将 太田道灌』（幡大介、徳間書店、２０１８）
『〝道灌以後〟の戦国争乱』（横浜市歴史博物館、２０１９）
『川越城 描かれた城絵図の世界』（川越市立博物館、２０１１）
『北条氏康 関東に王道楽土を築いた男』（伊東潤・板嶋恒明、ＰＨＰ新書、２０１７）
『横浜の野を駆ける～古代東国の馬と牧』（横浜市歴史博物館、２０１９）
『古事記はなぜ富士を記述しなかったのか 藤原氏の禁忌』（戸矢学、河出書房新社、２０１９）

〈参考テレビ番組〉

『ＮＨＫ大河ドラマ 真田丸』（23話、24話）（ＮＨＫ総合ほか、２０１６．６．12、６．19）

〈参考映画〉
『翔んで埼玉』（二階堂ふみ、GACKT主演、武内英樹監督、東映、2019）

《第5章》

〈参考書籍〉
『皇后さまとご養蚕』（宮内庁協力、扶桑社、2016）
『浜街道「絹の道」のはなし』（馬場喜信、かたくら書店新書、2001）
『多摩の百年 下 絹の道』（朝日新聞東京本社社会部、朝日新聞社、1976）
『蚕 絹糸を吐く虫と日本人』（畑中章宏、晶文社、2015）
『呪われたシルク・ロード』（辺見じゅん、角川文庫、1980）
『世界遺産 富岡製糸場と絹産業遺産群 建築ガイド』（富岡製糸場世界遺産伝道師協会編、上毛新聞社、2014）
『富岡製糸場と絹産業遺産群』（今井幹夫、ベスト新書、2014）
『富岡日記』（和田英、ちくま文庫、2014）
『日本のシルクロード 富岡製糸場と絹産業遺産群』（佐滝剛弘、中公新書ラクレ、2007）
『現代語訳 論語と算盤』（渋沢栄一・守屋淳、ちくま新書、2010）
『F・ベアト写真集1 幕末日本の風景と人びと』（横浜開港資料館編、明石書店、2006）
『レンズが撮らえたF・ベアトの幕末』（小沢

健志・高橋則英監修、山川出版社、2012）
『シュリーマン旅行記　清国・日本』（ハインリッヒ・シュリーマン、講談社、1991）
『開港とシルク貿易』（小泉勝夫、世織書房、2013）
『幕末明治の国際市場と日本　生糸貿易と横浜』（西川武臣、雄山閣、1997）
『日本資本主義と蚕糸業』（瀧澤秀樹、未来社、1978）
『石川組製糸ものがたり』（入間市博物館、2017）
『日本の蚕糸のものがたり』（髙木賢、大成出版社、2014）
『あゝ野麦峠　ある製糸工女哀史』（山本茂実、角川文庫、1977）
『自由民権運動〈デモクラシー〉の夢と挫折』（松沢裕作、岩波新書、2016）
『日本の開国と多摩　生糸・農兵・武州一揆』（藤田覚、吉川弘文館、2020）

〈参考映画〉
『モスラ』（フランキー堺、ザ・ピーナッツ主演、本多猪四郎監督、東宝、1961）
『用心棒』（三船敏郎主演、黒澤明監督、東宝、1961）

〈参考サイト・記事〉
『皇居の養蚕、皇后さまから雅子さまへ　作業場で引き継ぎ』（朝日新聞DIGITAL、2018.5.13）
https://www.asahi.com/articles/ASL5D7HLKL5DUTIL028.html

『基調講演　横浜開港と生糸貿易　シルク博物館　博物館部長　小泉勝夫』（シルク・サミット２００３in横浜、２００３．10．9）
https://www.naro.affrc.go.jp/archive/nias/silkwave/hiroba/summit01/yokohama/koizumi/koizumi.htm

『多摩のシルクロード　ペリー来航と不平等条約』（松尾正人、中央大学教養番組「知の回廊」33　２００３）
https://www.chuo-u.ac.jp/usr/kairou/programs/2003/2003_03/

『「天皇の稲作」と「皇后の養蚕」は、次代にどう引き継がれていくのか』（畑中章宏、現代ビジネス、２０１８．７．１）
https://gendai.media/articles/-/56263

『皇后さま初の養蚕　皇居で御養蚕始の儀』（日本経済新聞電子版、２０２０．５．11）
https://www.nikkei.com/article/DGXMZO58930150R10C20A5CR8000/

『皇后さま「御養蚕納の儀」養蚕終える』（日本経済新聞電子版、２０２０．７．10）
https://www.nikkei.com/article/DGXMZO61384510Q0A710C2CR8000/

《第6章》

〈参考書籍〉

『定年ゴジラ』（重松清、講談社、１９９８）

『ポケモン・ストーリー』（畠山けんじ・久保雅一、日経BP社、２０００）

『学習まんが人物館　ポケモンをつくった男　田尻智』（宮本茂・菊田洋之・田中顕、小学館、２０１８）

『生命の多様性』（エドワード・O・ウィルソン、岩波書店、1995）
『バイオフィリア　人間と生物の絆』（エドワード・O・ウィルソン、平凡社、1994）

〈参考テレビ番組〉
『出没!アド街ック天国　南町田』（テレビ東京、2020．1．11）

〈参考サイト・記事〉
『「日本の将来推計人口」（国立社会保障・人口問題研究所、平成29年推計）
https://www.ipss.go.jp/pp-zenkoku/j/zenkoku2017/pp29_gaiyou.pdf
『老いる田園都市　東急、100年目のひずみ』（日本経済新聞電子版、2018．7．2）
https://www.nikkei.com/article/DGXMZO32425440Z20C18A6000000/
『子育て世代は都心から郊外へ？　首都圏の人口移動トレンドを読み解く』（住まいの情報館、2019．5．10）
https://www.jutakujohokan.co.jp/article/2019/05/10/population_movement/

その他、各企業、自治体の公式サイトの情報を参考にさせていただいた。

解説――地球に広がる16号線の輪

三浦しをん

柳瀬博一さんとはじめて会ったのは二〇〇四年十二月十七日で、合コンの場だった(三浦の手帳調べ)。私はそれまで一度も合コンにお呼びがかかったことがなく、このままでは寿命が尽きるときに、架空の合コン体験を捏造《ねつぞう》して必死に走馬灯をまわすはめになるんじゃないかと危惧《きぐ》されたので、「後生ですから合コンとやらいうものをセッティングしてくれませんかのう」と担当編集さんに頼んだのだった。

担当編集さんが合コン相手として白羽の矢を立てたのが、当時日経BP社で編集者をしていた柳瀬さんである。なぜ柳瀬さんだったのかという理由は、お会いしてみてすぐにわかった。ほがらかでまったく嫌味のないお人柄なうえに、話題がとんでもなく豊富でおしゃべりがうまいのだ。担当編集さんは、「まあ柳瀬さんなら、合コン初心者が相手でも力技で楽しい会にしてくれるはずだ」と踏んだのだろう。

五対五ぐらいの合コンで、私はそのころ夢中で見ていた大河ドラマ『新選組!』のおもしろさを熱弁した。合コンって大河ドラマの話をする場なの？　ドン引く一同（そりゃそうだ）。

しかし、「ナチュラル・ボーン・座持ちいい」柳瀬さんが、持ちまえのガッツで受け止めてくれた。私たちはほかのみなさまをそっちのけで、新選組から多摩の自由民権運動についてまで熱く熱く語りあった。合コンって自由民権運動の話をする場なの？　わからない。もう合コンの正解がなんなのかまるでわからないが、とにかく柳瀬さんは町田市在住の私に合わせて、国道16号線が古代から人々の生活の場としていかに栄えていたか、日本の近代化や現代の音楽シーンにいかに重要な役割をはたしたか、マシンガンのごとくしゃべった。

つまり二〇〇四年の時点で、柳瀬さんの脳内で本書の構想はすでに練りあげられていたのだ。

私は柳瀬さんの国道16号線の話を聞きながら（合コンでの話題として、国道16号線がふさわしいのかどうかもおおいに疑問だ）、「そういえば、うちの近所にも縄文時代の遺跡があるな」と思った。本書でも触れられているが、柳瀬さんが鶴見川の「源流の泉」（町田市上小山田町）で小石についた藻を洗い落とす活動をしていた、という話も興味深かった。

というのも、私はそのころ、『まほろ駅前多田便利軒』の連載をはじめたばかりだったからだ。これは東京都町田市がモデルの、郊外の町を舞台にした小説だ。私は長く町田市に住むうちに、「均質で無個性」という郊外に対するイメージはまちがっているのではないか、と感じるようになった。町田は猥雑《わいざつ》さも込みで非常にエネルギッシュな町であり、当然ながら多様な人々が住んでいる。駅前には百貨店も個人商店も、書店もCDショップも古着屋も映画館もライブハウスもあった。駅からちょっと離れれば、それこそ国道沿いのチェーン店が並ぶ「いわゆる郊外」な風景も、豊かな自然も広がっている。

あらゆるひとと文化が衝突し融和して織りあげられた、個性的で活気あふれる郊外の実態を、小説を通して描きだしたいなと思っていた。だから柳瀬さんの国道16号線話は、私にとってものすごく刺激的で示唆《しさ》に富んでいた。『まほろ駅前多田便利軒』のなかで、主人公の便利屋が「亀尾川」源流の藻の掃除をするシーンがあるが、もちろん合コンでの柳瀬さんの話から拝借したエピソードだ。

こうして、私の最初で最後の合コン体験は終了した。セッティングしてくれた担当編集さんに、「合コンってのは、とっても楽しい飲み会なのだとわかりました！」と報告したら、「……ちがうと思います」と言われたが。柳瀬さんとはその後、ある会社を取材する仕事を一緒にした。柳瀬さんはそこでも驚異のおしゃべり能力を発揮して取材相手の心を解きほぐし、あっというまに的確な記事にまとめあげた。脳の回転数と処理能力が尋常じゃないうえに、吸った空気をすべて言葉に変換して吐いているとしか思えない。このひと睡眠中もしゃべってるんじゃないか？　とおののいた。

前置きが長くなって恐縮だが、とにかく、魅力あふれるおしゃべり人間であり、有能な編集者である柳瀬さんは、大学の先生に転身した。学生さんの好奇心をかきたてる楽しい授業をしておられるんだろうなと推測していたところ、二〇二〇年に単行本『国道16号線「日本」を創った道』が刊行されたのだ。合コンから数えても十六年経《た》っている。ずっとあったためつづけてたのか！　おしゃべりなうえに根気強くもあったんだなと半ば驚きながら、すぐに拝読した。そして、強く感銘を受け、感動にむせび泣いた。

本書は国道16号線周辺に住むものにとって、福音の書である。我々はずっと、退屈で文化不毛な郊外の地に住む野蛮人だと思われてきた。「都心まで満員電車で四十分以上かかるなんて信じらんない。体が頑丈なんだね」と褒められてるようで嘲笑《あざわら》われてきたっ（いや、いずれも被害妄想です。念のため）。だが、それは事実とは異なっていたのだ！　むしろ、いま「都心でございい」とでかい顔してる場所なんて海と見分けがつかないじめじめの地で、石器時代の我々こそが、ドングリ拾って16号線周辺で快適な暮らしを送っていたのだ！（たぶん）洗練された都会としての歴史が長いのはどっちなのかという話ですよ！

すみません、都会への憧《あこが》れが妙な対抗心となって表れてしまうあたりに、16号線周辺住民たる我々（というか私）の鬱屈《うっくつ》と卑屈さが凝縮されている……。本書が素晴らしいのは、むしろこういう「郊外対中心部」といった単純な二項対立から解き放たれ、まったく新しい目で世界をとらえなおす視座を与えてくれるところなのである。

本書は「地形」「流域」という観点から、人々がどのようにして暮らしの場を選び、他者と交流・交易し、文化を生みだし、歴史を築いていったのかを解き明かす。私たちはどうしても、「空港へのアクセス」「駅から近いか」「高速道路のインターチェンジがあるか」などを基準に、利便性や辺鄙《へんぴ》か否《いな》かを判断してしまいがちだ。飛行機や新幹線や車を移動や物流の主な手段とし、鉄道の駅を中心に住宅街が広がっていることが多いので、しかたがない。だが本書を読むと、その基準だけで物事や人々の暮らしや歴史を解釈しようとしては、大切なことを見過ごしてしまうのだと気づかされる。

自分の足か、せいぜい舟で移動するしかなかった時代には、いまとはまったく異なる「地図」が人々の脳裏に描かれていただろう。現在、東京近郊の鉄道路線は大半が、ほうぼうの郊外から都心部へと集約していく形で走っている。だが、歩く以外の手段がなかった時代の国道16号線周辺住民は、いまで言う都心部には目もくれず、台地と丘陵地帯を環状につたって活発に交流していた。

この名残は現在もあって、たとえば国道16号線および接続する国道246号線は、「ヤンキー輸送路」と一部で呼びならわされている。八王子、町田のヤンキーは、車で16号から246号を通って、渋谷や六本木に繰りだすものなのだ。ひとと文化の交流は、鉄道路線とは異なるルートでいまも行われているのである。

また、実は鉄道路線も、国道16号線とまったく無縁ではない。JR横浜線は、本書で言及されている「絹の道」をほぼなぞる形で、八王子と横浜のあいだをつないでいる。私は横浜線を使って、町田から横浜の中学高校に通っていた。そのため、横浜や横須賀出身の友だちが多い。都心をまったくかすりもしない、国道16号線独自の人的ネットワークは、周辺住民によって現代においても脈々と築きあげられている。『翔《と》んで埼玉』（本書と並び、国道16号線周辺住民にとっての心の一作だ）が描いたように、なにか事あらば、筵旗《むしろばた》を掲げて16号線が決起、ということもありえなくはないのだ。

厳然とそこにあるのに、半ば無視され、住民自身すら気づけていなかった、巨大な国道16号線文化圏。その歴史と意義を、柳瀬さんは本書で多角的に掘り起こし、明確に提示してくださった。それを通して見えてくるのは、「ほかにも国道16号線的な場所は無数に存在しているのではないか」ということだ。

本書でもちらりと触れられているとおり、房総半島と紀伊半島を結ぶ「海の道」はどうだろう。舟での交易が主だった時代、人々の「地図」は川や湖や海を中心に描かれていたのではないだろうか。それに、「山の道」は？　車で道路を行ったのでは時間がかかる山あいの村同士でも、歩いて尾根《おね》を越えればわりとすぐで、婚姻関係を結んでいたり、互いの村の祭りに遊びにいったりと交流が盛んだったという話は、私も祖父母からよく聞いた。地図に記載される道路網、鉄道網とはまったく異なる「道」が、半世紀ちょっとまえまでは生きていて、人々を、ものを、文化を、血液のようにめぐらせていたのだ。

いまや忘れられかけ、埋もれかけている「国道16号線」は、全国各地にあるはずだ。それを掘り起こし、もう一度見つめなおしてみることで、新しい蠢《うごめ》きが生まれてくるのではないか。現代の交通手段的な意味での利便性のみを追い求めるのではなく、ひとそれぞれ、自分に合った生活を営める場所はどこなのか、そのためにはどんな仕事のありかたがベストなのか、探したり考えたりする手がかりになりそうだ。

徳川家康が来るまえの江戸が、ススキの生い茂る寒村では決してなかったように、あらゆる場所に「国道16号線」は存在する。その土地独自の文化を紡《つむ》ぎ、人々が幸福な暮らしを求めて積み重ねてきた、かけがえのない歴史があるのだ。私は本書を読んでその事実に気づくことができ、強く心を揺り動かされ、「郊外対中心部」といった二項対立に捕らわれていた自身の了見の狭さを恥じた。そして、全国各地にあるはずの「国道16号線」的な場所を訪れ、そこに住むひとたちの思いや歴史に触れてみたいものだなあと思ったのだった。

本書は国道16号線周辺住民にとってはもちろんのこと、日本じゅうの、いやもっと言えば地球上に住むすべてのひとにとっての、福音の書だ。本書をもとに、いま住んでいる場所の歴史や文化を発見しなおすことで、まだ見ぬ場所で育《はぐく》まれた歴史や文化へのリスペクトも高まるだろう。

柳瀬さんが提唱した国道16号線論は、一地域の単なる国道の話ではない。内なる「国道16号線」は、だれの胸にも、どんな場所にも存在する。それは他者と自己を、過去と現在と未来をつないでくれる、地球規模で巨大な輪を描く「道」なのだ。

(二〇二三年二月、作家)

この作品は二〇二〇年十一月新潮社より刊行された。
文庫化にあたり、加筆修正を行った。

忌野清志郎著
ロックで独立する方法
夢と現実には桁違いのギャップがある。そこでキミは〈独立〉を勝ちとれるか。不世出のバンドマン・忌野清志郎の熱いメッセージ。

磯田道史著
殿様の通信簿
水戸の黄門様は酒色に溺れていた？　江戸時代の極秘文書「土芥寇讎記」に描かれた大名たちの生々しい姿を史学界の俊秀が読み解く。

井上理津子著
さいごの色街　飛田
今なお遊郭の名残りを留める大阪・飛田。この街で生きる人々を十二年の長きに亘り取材したルポルタージュの傑作。待望の文庫化。

磯部　涼著
ルポ川崎
ここは地獄か、夢の叶う街か？　高齢化やヘイト問題など日本の未来の縮図とも言える都市の姿を活写した先鋭的ドキュメンタリー。

ＮＨＫスペシャル取材班著
未解決事件　グリコ・森永事件　捜査員３００人の証言
警察はなぜ敗北したのか。元捜査関係者たちが重い口を開く。無念の証言と極秘資料をもとに、史上空前の劇場型犯罪の深層に迫る。

太田和彦著
ひとり飲む、京都
鱧《はも》、きずし、おばんざい。この町には旬の肴と味わい深い店がある。夏と冬一週間ずつの京都暮らし。居酒屋の達人による美酒滞在記。

奥田英朗著

港町食堂

土佐清水、五島列島、礼文、釜山。作家の行く手には、事件と肴と美女が待ち受けていた。笑い、毒舌、しみじみの寄港エッセイ。

加藤陽子著

それでも、日本人は「戦争」を選んだ

小林秀雄賞受賞

日清戦争から太平洋戦争まで多大な犠牲を払い列強に挑んだ日本。開戦の論理を繰り返し正当化したものは何か。白熱の近現代史講義。

川上和人著

鳥類学者 無謀にも恐竜を語る

『鳥類学者だからって、鳥が好きだと思うなよ。』の著者が、恐竜時代への大航海に船出する。笑えて学べる絶品科学エッセイ！

川上和人著

そもそも島に進化あり

生命にあふれた島。動植物はどのように海原を越え、そこでどう進化するのか。島を愛する鳥類学者があなたに優しく教えます！

国分拓著

ヤノマミ

大宅壮一ノンフィクション賞受賞

僕たちは深い森の中で、ひたすら耳を澄ました——。アマゾンで、今なお原初の暮らしを営む先住民との150日間もの同居の記録。

國分功一郎著

暇と退屈の倫理学

紀伊國屋じんぶん大賞受賞

暇とは何か。人間はなぜ退屈するのか。スピノザ、ハイデッガー、ニーチェら先人たちの教えを読み解きどう生きるべきかを思索する。

小林快次著
恐竜まみれ
―発掘現場は今日も命がけ―

カムイサウルス――日本初の恐竜全身骨格はこうして発見された。世界で知られる恐竜研究者が描く、情熱と興奮の発掘記。

小松貴著
昆虫学者はやめられない

〝化学兵器〟を搭載したゴミムシ、メスにプレゼントを贈るクモなど驚きに満ちた虫たちの世界を、気鋭の研究者が軽快に描き出す。

沢木耕太郎著
旅する力
―深夜特急ノート―

バックパッカーのバイブル『深夜特急』誕生前夜、若き著者を旅へ駆り立てたのは。16年を経て語られる意外な物語、〈旅〉論の集大成。

角田光代・島本理生
燃え殻・朝倉かすみ
ラズウェル細木著
越谷オサム・小泉武夫
岸本佐知子・北村薫
もう一杯、飲む？

そこに「酒」があった――もう会えない誰かと、あの日あの場所で。九人の作家が小説・エッセイに紡いだ「お酒のある風景」に乾杯！

志村けん著
変なおじさん【完全版】

子供の頃からコメディアンになろうと決心し、ずっとコントにこだわってきた！ そんなお笑いバカ人生をシャイに語るエッセイ集。

千松信也著
ぼくは猟師になった

山をまわり、シカ、イノシシの気配を探る。ワナにかける。捌いて、食う。33歳のワナ猟師が京都の山から見つめた生と自然の記録。

高野秀行著

謎のアジア納豆
―そして帰ってきた〈日本納豆〉―

納豆を食べるのは我々だけではなかった！ タイ、ミャンマー、ネパール、中国。知的で美味しくて壮大な、納豆をめぐる大冒険！

D・チェン著

未来をつくる言葉
―わかりあえなさをつなぐために―

新しいのに懐かしくて、心地よくて、なぜだか泣ける。気鋭の情報学者が未知なる土地を旅するように描き出した人類の未来とは。

土井善晴著

一汁一菜でよいという提案

日常の食事は、ご飯と具だくさんの味噌汁で充分。家庭料理に革命をもたらしたベストセラーが待望の文庫化。食卓の写真も多数掲載。

中島岳志著

テロルの原点
―安田善次郎暗殺事件―

「唯一の希望は、テロ」。格差社会で承認欲求と怨恨を膨らませた無名青年が、大物経済人を殺害した。挫折に満ちた彼の半生を追う。

二宮敦人著

最後の秘境　東京藝大
―天才たちのカオスな日常―

東京藝術大学――入試倍率は東大の約三倍、けれど卒業後は行方不明者多数？ 謎に包まれた東京藝大の日常に迫る抱腹絶倒の探訪記。

ブレイディみかこ著

ぼくはイエローでホワイトで、ちょっとブルー

Yahoo!ニュース｜本屋大賞
ノンフィクション本大賞受賞

現代社会の縮図のようなぼくのスクールライフは、毎日が事件の連続。笑って、考えて、最後はホロリ。社会現象となった大ヒット作。

新潮文庫最新刊

林 真理子著
小説8050
息子が引きこもって七年。その将来に悩んだ父の決断とは。不登校、いじめ、DV……家庭という地獄を描き出す社会派エンタメ。

宮城谷昌光著
公孫龍 巻二 赤龍篇
天賦の才を買われた公孫龍は、燕や趙の信頼を得るが、趙の後継者争いに巻き込まれる。中国戦国時代末を舞台に描く大河巨編第二部。

五条紀夫著
イデアの再臨
ここは小説の世界で、俺たちは登場人物だ。犯人は世界から■■を消す!? 電子書籍化・映像化絶対不可能の〝メタ〟学園ミステリー!

本岡 類 著
ごんぎつねの夢
「犯人」は原稿の中に隠れていた! クラス会での発砲事件、奇想天外な「犯行目的」、消えた同級生の秘密。ミステリーの傑作!

新美南吉著
ごんぎつね でんでんむしのかなしみ
―新美南吉傑作選―
大人だから沁みる。名作だから感動する。美智子さまの胸に刻まれた表題作を含む傑作11編。29歳で夭逝した著者の心優しい童話集。

カフカ
頭木弘樹編
決定版カフカ短編集
特殊な拷問器具に固執する士官を描く「流刑地にて」ほか、人間存在の不条理を描いた15編。20世紀を代表する作家の決定版短編集。

新潮文庫最新刊

サガン
河野万里子訳
ブラームスはお好き
パリに暮らすインテリアデザイナーのポールは39歳。長年の恋人がいるが、美貌の青年に求愛され――。美しく残酷な恋愛小説の名品。

S・ボルトン
川副智子訳
身代りの女
母娘3人を死に至らしめた優等生6人。ひとり罪をかぶったメーガンが、20年後、5人の前に現れる……。予測不能のサスペンス。

磯部　涼著
令和元年のテロリズム
令和は悪意が増殖する時代なのか？　祝福されるべき新時代を震撼させた5つの重大事件から見えてきたものとは。大幅増補の完全版。

島田潤一郎著
古くてあたらしい仕事
「本をつくり届ける」ことに真摯に向き合い続けるひとり出版社、夏葉社《なつはしゃ》。創業者がその原点と未来を語った、心にしみいるエッセイ。

小林照幸著
死の貝
―日本住血吸虫症との闘い―
腹が膨らんで死に至る――日本各地で発生する謎の病。その克服に向け、医師たちが立ちあがった！　胸に迫る傑作ノンフィクション。

野澤亘伸著
絆
―棋士たち　師弟の物語―
伝えたのは技術ではなく勝負師の魂。7組の師匠と弟子に徹底取材した本格ノンフィクション。杉本昌隆・藤井聡太の特別対談も収録。

国《こく》道《どう》16号《ごう》線《せん》

「日本」を創った道

新潮文庫　や-87-1

令和五年五月一日発行
令和六年五月十五日四刷

著者　柳《やな》瀬《せ》博《ひろ》一《いち》

発行者　佐藤隆信
発行所　株式会社 新潮社
郵便番号　一六二―八七一一
東京都新宿区矢来町七一
電話 編集部(〇三)三二六六―五四四〇
読者係(〇三)三二六六―五一一一
https://www.shinchosha.co.jp
価格はカバーに表示してあります。
乱丁・落丁本は、ご面倒ですが小社読者係宛ご送付ください。送料小社負担にてお取替えいたします。

印刷・錦明印刷株式会社　製本・錦明印刷株式会社
© Hiroichi Yanase 2020 Printed in Japan

ISBN978-4-10-104561-0 C0125